SUEDE
STOCKHOLM
DANEMARCK
MER BALTIQUE
RUSSIE
PRUSSE
BERLIN
POLOGNE
ALLEMAGNE
BOHEME
GALICIE
AUTRICHE
VIENNE
HONGRIE
MOLDAVIE
VALAQUIE
PETITE TARTARIE
CRIMEE
ANGLETERRE
LONDRES
LA MANCHE
FRANCE
PARIS
HELVETIE
ROYAUME D'ITALIE
SERVIE
TURQUIE D'EUROPE
CONSTANTINOPLE
GOLFE DE VENISE
MER NOIRE
MER MEDITERRANÉE
AFRIQUE
Tunis
Alger
I. de Malte
Sicile
Palerme
Candie
Chypre
Alexandrie
le Caire
Lieues Communes de France de 25 au Dég.
25 50 75 100 125
à Paris, Chez Hyacinthe Langlois, Libraire.

1 Napoleon Bonaparte als Erster Konsul.
Gemälde von Jean Auguste Dominique Ingres (1804).
Lüttich, Musée des Beaux-Arts

ECKART KLESSMANN
KARL-HEINZ JÜRGENS

NAPOLEON

LEBENSBILDER

Gustav Lübbe Verlag

2 Schloß Malmaison

ERSTES KAPITEL

»WELCH EIN ROMAN
IST DOCH MEIN LEBEN!«

SEITE 13

3 Die Kapitulation von Ulm am 20. Oktober 1805. Gemälde von Charles Thévenin (1815). Versailles, Musée de l'Histoire de France

ZWEITES KAPITEL
DER KAISER
SEITE 45

4 Schloß Fontainebleau

DRITTES KAPITEL

DER UNTERGANG

SEITE 97

5 Die Verleihung der Adler an die Armee am 5. Dezember 1804. Gemälde von Jacques-Louis David. Versailles, Schloß **6** Ossian empfängt die Seelen der toten Helden. Gemälde von Anne-Louis Girodet-Trioson (1801/02). Paris, Schloß Malmaison

5

VIERTES KAPITEL

DAS KOMPENDIUM DER WELT

SEITE 149

6

FÜNFTES KAPITEL

ER LEBT UND BLEIBT IN DER WELT

SEITE 197

ZEITTAFEL

DAS ZEITALTER NAPOLEONS

SEITE 222

7 General Bonaparte in der Schlacht von Arcole am
17. November 1796. Gemälde von Antoine-Jean Gros (1801).
Versailles, Musée de l'Histoire de France

ERSTES KAPITEL

»WELCH EIN ROMAN IST DOCH MEIN LEBEN!«

Nicht die Tage der strahlenden Triumphe schufen die Legende, die sein Dasein wie eine Aura bis heute umgibt, sondern die Stunden der tiefsten Erniedrigung. Das Bild des sieggewohnten Feldherrn, der über die Leichenberge der Schlachtfelder reitet, berührt uns nicht; der Mann in der Glorie der Macht schafft keine Bewunderung. Aber der, der am 5. Mai 1821 um zehn Minuten vor sechs Uhr abends im Augenblick des Sonnenuntergangs auf einer kleinen Insel im Atlantik einsam stirbt, besudelt von Kot und Erbrochenem, gezeichnet von qualvoller Krankheit, der ist für uns ein Mensch, dem wir das Mitleid nicht versagen können. Ein Leben hat ihm, der jetzt stirbt, nicht viel bedeutet; er schere sich einen Dreck um das Leben von einer Million Menschen, soll er 1813, als seine Niederlage sich abzeichnete, Metternich in Dresden in einem seiner berühmten Wutanfälle angebrüllt haben. Das mag wohl wahr sein. Und wahr ist auch, daß er am Abend der entsetzlichen Schlächterei von Preußisch Eylau zynisch gesagt hat: »Eine Nacht in Paris macht das wieder gut.« Und wahr ist auch, was am Abend der Schlacht von Borodino geschah, als achtzigtausend Tote und Verwundete die russische Erde bedeckten: Sein Pferd trat auf einen verletzten russischen Soldaten, der aufschrie. »Sire, es ist nur ein Russe«, beschwichtigte ein Adjutant. Worauf er schrie: »Nach einer Schlacht gibt es keine Feinde mehr, sondern nur noch leidende Menschen!« Und er befahl seinem Arzt, sich des Verwundeten anzunehmen.

Nun ist er der leidende Mensch, der ganz unheroisch stirbt. Die Bewahrer der berühmten letzten Worte wollen ihn haben murmeln hören: »Joséphine... tête d'armée...« Glaubwürdiger ist, daß er, falls er sich überhaupt noch artikulieren konnte, nicht von der Spitze der Armee, sondern von seinem Sohn gesprochen hat – »Wie heißt mein Sohn?« –, als von dem Menschen, den er vielleicht als einzigen wirklich geliebt hat und dessen Bild über seinem Bett hing.

Napoleons Ende auf St. Helena hat unsere Phantasie bis heute beschäftigt. Wäre er in der Schlacht von Leipzig oder bei Waterloo umgekommen oder im Schnee Rußlands, so hätte es diesen einzigartigen Nachruhm nicht gegeben. Aber daß St. Helena – wer denn hatte je zuvor diesen Namen gehört? – zu seinem Kalvarienberg, zu seinem Prometheus-Felsen wurde (das sind Vergleiche aus jener Zeit), das ist das Finale einer kurzen Geschichtsepoche, die sich kein Dichter wirkungsvoller hätte ausdenken können.

Schon 1826, fünf Jahre nach Napoleons Tod, konnte Heinrich Heine schreiben: »Und Sankt Helena ist das heilige Grab, wohin die Völker des Orients und Okzidents wallfahrten in buntbewimpelten Schiffen und ihr Herz stärken durch große Erinnerung an die Taten des weltlichen Heilands, der gelitten unter Hudson Lowe, wie es geschrieben steht in den Evangelien Las Cases, O'Meara und Antommarchi.« Das Bild vom Heiland – bewußt benutzt Heine hier das Vokabular des christlichen Glaubensbekenntnisses – haben Napoleons Zeitgenossen überhaupt nicht als blasphemisch empfunden. Als 1840 der Leichnam des »großen Kaisers«, wie ihn Heine stets nennt, nach Paris überführt wird, erscheint in Deutschland ein Stahlstich: Er zeigt Napoleon als auferstehenden Christus, den Kopf geschmückt mit einem Lorbeerkranz und von einer Aura umgeben. Christliche Texte – Credo, Vaterunser, Englischer Gruß – hat man schon früh napoleonisch umformuliert, ihn selber als den Drachentöter St. Georg dargestellt, auch biblische Prophezeiungen (Offenbarung Johannis) auf ihn bezogen. Aber wir würden dem nicht gerecht, wollten wir das einzig als eine unbegreifliche und monströse Geschmacksverirrung ansehen. In Napoleon ist den Menschen eine Persönlichkeit begegnet, die alle menschlichen Maßstäbe auf eine ganz unerklärliche Weise sprengt und doch wiederum auch bewahrt; die Geschichte kennt dazu keine Parallele. Leben und Taten Alexanders oder Caesars konnten das Wunderbare streifen, aber letztlich doch nicht das Mythische. Napoleon gelang es, eine Legende bei Lebzeiten zu schaffen, aber erst nach seinem physischen Ende zum Mythos zu werden. Die nach ihm kamen, Gestalten wie Hitler oder Stalin etwa, übertrafen ihn zwar mühelos im Morden, aber sie hinterließen im Gedächtnis der Menschheit nur Zerstörung und Abscheu, während bei Napoleon, trotz vieler Verbrechen, immer ein Zug von Größe erscheint, der ihm bis heute nicht streitig gemacht werden konnte.

Zu den vielen Merkwürdigkeiten dieses Mannes gehört es, daß er vor sich selber staunend wie vor einem Rätsel gestanden hat. »Welch ein Roman ist doch mein Leben!« rief er tief beeindruckt, als er im Exil seine Erinnerungen diktierte. Er wußte genau, daß ihn die Menschheit niemals vergessen würde, und er tat darum alles, ihr Gedächtnis auf seine Weise wachzuhalten. So demütigend und peinigend auch sein Exil war, er verstand es, die eigene Legende hier, auf diesem kleinen Basaltfelsen, zu gestalten und der Welt das Bild zu entwerfen, das sie von ihm sich machen sollte. Und wenn er so zum Homer seiner eigenen *Ilias* wurde, Täter und Sänger in einem, vergaß er doch nie, den mirakulösen Aufstieg aus dem Nichts zu betonen, den Weg des kleinen korsischen Advokatensohns aus der Unscheinbarkeit bis hin zur nicht mehr austilgbaren Gestalt der Weltgeschichte. Dieser Weg vollzog sich für ihn so schicksalhaft, als hätte es zu diesem Lebenslauf nie eine Alternative geben können.

Als Sohn eines angesehenen und wohlhabenden Advokaten kommt er am 15. August 1769 in Ajaccio auf Korsika zur Welt. Die Buonapartes sind Kleinadel, angeblich toskanischen Ursprungs, urkundlich erst seit dem beginnenden 17. Jahrhundert nachgewiesen auf Korsika. Genealogen haben sich später bemüht, dem zum Kaiser Aufgestiegenen einen würdigen aristokratischen Stammbaum zu verschaffen, aber Napoleon hat das nie interessiert.

Carlo und Letizia Buonaparte führen eine gute Ehe, aus der acht Kinder hervorgehen: Giuseppe (Joseph, 1768), Napoleone (1769), Luciano (Lucien, 1777), Elisa (1778), Luigi (Louis, 1778), Maria Paola (1780, sie nennt sich später Pauline), Maria-Annunziata (1782, später Caroline) und Geronimo (Jérôme, 1784).

»Nabulione« ruft die Mutter in ihrem starken korsischen Akzent den, der später als Herr des europäischen Kontinents das »N« zu einem Markenzeichen erheben wird und als Unterschrift auf die Briefbögen schleudert. Den Namen Napoleone hat er zur Erinnerung an einen 1767 gestorbenen Onkel erhalten; die Deutung dieses seltenen Namens als »Löwe des Tals« ist nicht gesichert, einen gleichnamigen Heiligen hat es nie gegeben, auch wenn dies später behauptet wurde. Das meiste, was uns von seiner Kindheit erzählt wird, ist Legende. Mutter Letizia, eine geborene Ramolino, als junge Frau eine Schönheit, regiert die große Kinderschar mit strenger Hand, aber nie ohne Liebe. In dieser Familie lernt Napoleon in den Begriffen des Clans zu denken, der politisch eine Rolle spielen möchte. Die Insel gehört erst seit 1768 zu Frankreich, und daran können sich die Korsen nur sehr schwer gewöhnen. Jean-Jacques Rousseau hatte 1762 in seinem *Contrat social* geradezu prophetisch geschrieben:

»Ein Land in Europa gibt es noch, das fähig ist, sich seine Gesetze zu geben: die Insel Korsika. Die Tapferkeit und Beständigkeit, mit der dieses Volk es verstand, seine Unabhängigkeit wiederzuerlangen und zu verteidigen, würde es verdienen, daß ihm irgendein Weiser beistünde, sie zu erhalten. Ich glaube, diese Insel wird Europa eines Tages eine Überraschung bereiten.«

Die Insel gehörte zur Republik Genua, war an Frankreich verpfändet worden wegen der Schulden Genuas und im Vertrag von Versailles in den Besitz Frankreichs übergegangen. Da viele Korsen, die man sowieso nicht über ihr künftiges Schicksal befragt hatte, damit nicht einverstanden waren, kam es zu bürgerkriegsähnlichen Zuständen auf Korsika, die über Jahre hinaus anhielten.

Die beständige Ruhelosigkeit Napoleons, der Abscheu gegenüber allem ihn Einengenden, das Clan-Denken – das ist sein korsisches Erbe, das wird er nie los. Gehört die Widersprüchlichkeit auch zu seinem Erbe? Die immer wiederkehrende Melancholie dieses rastlosen Tatmenschen bis hin zu lähmender Entschlußlosigkeit? Der Wunsch nach einengender imperialer Etikette? Der stete Kampf in seinem Innern zwischen spontaner Brutalität und eiskalter Berechnung? Die gefürchteten Wutanfälle, bei denen man nie weiß, ob sie echt oder kunstvoll inszeniert sind?

Man kann diesen Menschen nicht auf ein Charakterbild festlegen. Er ist immer Punkt und Kontrapunkt in einer Person. Er ist vollkommen unberechenbar. Er kann unsagbar roh, brutal, taktlos und flegelhaft sein, er kann aber ebenso auch Menschen, die er für sich gewinnen will, auf eine Weise begegnen, die an Verzauberung grenzt. Es gibt daher Zeitgenossen, die sich ganz ernsthaft fragen, ob denn dieser Mann überhaupt von unserem Planeten stamme und nicht aus anderen Sphären zur Erde gesandt worden sei. Nach seinem qualvollen Ende auf St. Helena werden auch manche Dichter diese Frage stellen.

Kinder kosten Geld, acht zumal, wenn man ihnen eine sorgfältige Ausbildung mitgeben möchte. Carlo Buonaparte erwirkt für den zehnjährigen Napoleone ein staatliches Stipendium. Die Eltern geben ihn im Januar 1779 auf das Collège d'Autun, von dem er im Mai auf die Königliche Militärschule Brienne überwechselt, wo er bis zum Oktober 1784 bleibt. Auch hier ersparen wir uns die Legenden und konstatieren nur, daß der schwierige, verschlossene Junge, der Mühe mit der französischen Sprache, ihrer korrekten Aussprache und Orthographie hat (dieses Problem wird ihn zeitlebens nicht verlassen), sich sehr einsam fühlt, viel gehänselt wird und wohl unter Heimweh leidet. Seine Leistungen bleiben durchschnittlich.

Am 24. Februar 1785 stirbt sein Vater an Magenkrebs, erst vierzig Jahre alt. Zwar wäre jetzt der älteste der Söhne, Giuseppe (Joseph), das Oberhaupt des Clans, aber Napoleone macht ohne viel Worte deutlich, daß künftig mit ihm als dem neuen Chef der Familie gerechnet werden muß. Er wird im September 1785 Offizier der Artillerie in Valence und läßt sich 1786 für ein ganzes Jahr nach Korsika beurlauben.

Er haßt Frankreich. Er beginnt eine Geschichte Korsikas zu schreiben. Im Mai 1788 ist er in Auxonne. Neben dem täglichen Militärdienst arbeitet er unermüdlich an seiner Weiterbildung. Jede freie Minute widmet er dem Studium von Geschichte, Politik, Wirtschaft und Geographie und notiert sich Auszüge in seine Arbeitshefte. In das mit geographischen Notizen trägt er damals die Zeilen ein: »St helene petite isle« – St. Helena, kleine Insel. Nebenbei schreibt er Erzählungen, zu denen er die Stoffe in den von ihm benutzten Büchern findet.

Immer wieder ist er zwischendurch auf Korsika, wo es schließlich in den politischen Wirren mit den Buonapartes ein klägliches Ende nimmt: Ihre Gegner siegen, ihr Haus wird niedergebrannt, und sie müssen im Sommer 1793 nach Frankreich emigrieren, endgültig. Zunächst sammeln sie sich in Toulon. Als die Stadt von den Engländern besetzt wird (mit denen das revolutionäre Frankreich seit Jahren Krieg führt), ersinnt der junge Artillerieoffizier, der zum französischen Belagerungskorps gehört, einen Plan, der zur Eroberung der britischen Stellungen führt und damit zur Befreiung Toulons. Die Ernennung zum Brigadegeneral ist der Lohn, da ist er vierundzwanzig Jahre alt.

Nach dem Sturz Robespierres im Juli 1794 kommt der junge General zunächst für elf Tage in Haft, da er eng mit dem Bruder des Gestürzten zusammengearbeitet hatte. Danach geht er nach Paris, um sich ein Kommando geben zu lassen. Dort hat man aber gerade mit der Niederschlagung kleinerer Aufstände zu tun. Mißernten, Inflation, Arbeitslosigkeit und die ständigen Aushebungen für den Krieg haben viel Unruhe gebracht. Es fehlt auch an einem vernünftigen politischen Konzept, das die Nation auf ein gemeinsames Ziel hin ausrichten könnte. Barras, der neue starke Mann, erinnert sich an den immer wieder bei ihm vorsprechenden Napoléon Bonaparte (so schreibt er sich jetzt), als ein dem Konvent gefährlicher Putsch droht; der junge General schlägt den royalistischen Aufstand am 13. Vendémiaire (5. Oktober 1795) nieder und empfängt dafür zum Dank den Rang eines Divisionsgenerals. Fünf Monate später heiratet er Joséphine de Beauharnais, vor kurzem noch die Geliebte von Barras, und bekommt kurz darauf das ersehnte Kommando: den Oberbefehl über die Italien-Armee. Das ist ein zerlumpter, unterernährter und miserabel ausgerüsteter Haufen von Soldaten, denen die Aufgabe zugewiesen ist, die weit stärkeren Truppen Österreichs und die der mit Österreich verbündeten italienischen Staaten aus Oberitalien zu werfen. Der neue Oberbefehlshaber steht vor einer schier unlösbaren Aufgabe. Auf dem Papier stehen ihm dreiundsechzigtausend Soldaten zur Verfügung. Von denen sind aber überhaupt nur siebenunddreißigtausendsechshundert und sechzig Geschütze einsatzbereit, während der Gegner etwa zweiundfünfzigtausend Soldaten, gut verpflegt und gut ausgerüstet, zur Verfügung hat, im Besitz der Festungen ist und sich über Reserven und Nachschub keine Gedanken zu machen braucht. Niemand gibt daher dem jungen, unbekannten – und unerfahrenen – General mit dem unscheinbaren und ziemlich ungepflegten Äußeren auch nur die geringste Chance.

Am 26. März 1796 hat Bonaparte in Nizza den Oberbefehl übernommen, am 12. April kommandiert er bei Montenotte seine erste Schlacht, und dann liest man in den Zeitungen die Namen von so unbekannten italienischen Ortschaften wie Dego, Mondovi, Lodi, Lonato, Castiglione, Roveredo, Bassano und Arcole. Sie bezeichnen die Siege eines jungen Generals, der binnen eines halben Jahres zur europäischen Berühmtheit aufsteigt. Wenn Goethe Jahrzehnte später von dem inzwischen schon verstorbenen Napoleon sagt: »Sein Leben war das Schreiten eines Halbgottes von Schlacht zu Schlacht und von Sieg zu Sieg« – so dachte er dabei an das Geschehen des Jahres 1796. Ohne eine einzige Niederlage setzt sich Bonapartes Triumph fort: der Sieg von Rivoli, die Kapitulation Mantuas und schließlich der Frieden von Campo Formio mit Österreich am 18. Oktober 1797. Dieser Friedensschluß zwingt Österreich zum Verzicht auf seine belgischen Besitzungen und auf alle seine Enklaven westlich des Rheins und zur Anerkennung einer Cisalpinischen Republik von Frankreichs Gnaden in Oberitalien.

Diesen Frieden schließt der Sieger völlig eigenmächtig, die Regierung in Paris wird von den geschaffenen Tatsachen nur noch nachträglich informiert. Der anderthalb Jahre währende Feldzug in Oberitalien hat aus dem General Bonaparte einen Mann gemacht, der seine Talente und seine Mittel kennt und sie bestens zu nutzen versteht. Nicht nur das Talent eines ungewöhnlich begabten Strategen und Taktikers, sondern mehr noch das Mittel einer psychologischen Kriegführung, vor allem mit dem Wort.

»Soldaten! Ihr seid nackt, schlecht genährt; die Regierung ist euch viel Geld schuldig, sie kann euch nichts geben. Bewunderungswürdig ist eure Geduld, ist der Mut, den ihr inmitten dieser kahlen Felsen zeigtet; aber damit erwerbt ihr keinen Ruhm, keinen Glanz. Ich will euch in die fruchtbarsten Ebenen der Welt führen. Reiche Provinzen, große Städte werden in eure Hände fallen; dort werdet ihr Ehre, Ruhm und Reichtümer finden. Soldaten der Italien-Armee, sollte es euch an Mut oder Standhaftigkeit fehlen?«

Bonaparte will diese kurze Ansprache bei Feldzugsbeginn auf einer Parade gehalten haben, aber man kann sicher sein, daß sie erst auf St. Helena formuliert worden ist. Das ist auch nicht so wichtig. Wir dürfen jedoch annehmen, daß dies der Ton war, in dem er zu den Soldaten redete. Auf diesem Feldzug lernt Bonaparte, das Instrumentarium der Seele zu gebrauchen. Die militärische Unterlegenheit läßt sich nur dadurch wettmachen, daß den Kriegszielen ein ideologischer Überbau verliehen wird. Gewiß, begeistert von den Ideen der Revolution hatten auch die französischen Soldaten von 1792 wahre Wunder vollbracht, aber man darf nicht vergessen, daß nach vier Jahren Krieg und wachsendem Mangel in der Versorgung der Bevölkerung diese Begeisterung ganz erheblich nachgelassen hatte. An erster Stelle seiner Versprechungen setzt Bonaparte nicht die Beute, sondern Ruhm, Glanz und Ehre. Und er bringt seine Armee schnell dazu, sich auf ihn einzuschwören. Seine Ausstrahlung grenzt ans Wunderbare; der Generalität, die ihn zu ihrem Werkzeug machen wollte, ist rasch aller Spott und alle Arroganz vergangen, und die einfachen Soldaten vergöttern ihn. Immer ist er unter ihnen, vor allem im Kampf. Bei Arcole stürzt er im Kampfgetümmel von der Brücke und wäre beinahe im Sumpf recht ruhmlos untergegangen, hätte ihn nicht ein Adjutant im letzten Augenblick gerettet. Die Legende sieht das schon unmittelbar nach der Schlacht ganz anders: Da ergreift der General die Fahne, die ihrem tödlich getroffenen Träger entglitt, und stürmt auf die Brücke, seinen zögernden Soldaten unerschrocken voraus. Und alle, die dabeigewesen sind, werden später schwören, so und nicht anders sei es gewesen, und so werden es die Maler malen und die Holzschneider es in ihren populären Versionen auf den Märkten tausendfach verkaufen.

Nicht nur in Frankreich, sondern auch in Deutschland rühmen ihn die Dichter als den neuen Alexander, an den sich märchenhafte Hoffnungen knüpfen und von dem jeder ahnt, daß seine Laufbahn ihn weiterführen wird als nur bis zum Oberbefehlshaber eines Armeekorps, auch wenn sich jetzt noch niemand Genaueres vorstellen kann. Von nun an steht den Franzosen bei jeder Schlacht die Aura des jungen Siegers bei und gibt ihnen durch nichts zu ersetzende Impulse. Eine Nation hat ihren Heros gefunden.

Das dankbare Frankreich hat keine Orden zu vergeben, aber das Institut de France ernennt den heimgekehrten Sieger zum Mitglied, und der General ist stolz, als Militär gleichberechtigt unter den besten Wissenschaftlern seines Landes zu sitzen. Könnte er auch die Macht in Frankreich übernehmen? Nein, dazu ist es noch zu früh, und Bonaparte, der sich ungewöhnlich bescheiden gibt, tut alles, um einen solchen Verdacht gar nicht erst aufkommen zu lassen. Dennoch macht sich die Regierung Sorgen. Bonaparte muß beschäftigt werden, und zwar bald und in recht großer Entfernung. Es existieren drei Möglichkeiten. Eine Invasion in Irland, das scheint leichter realisierbar, als in England direkt zu landen; ein Angriff auf das Großbritannien in Personalunion verbundene Kurfürstentum Hannover und drittens schließlich eine Expedition nach Ägypten, um den Hauptverbindungsweg zwischen England und seiner Kolonie Indien abzuschneiden. Die Invasion in Irland ist angesichts der bestehenden Machtverhältnisse auf See zu riskant, Hannover liegt viel zu nah, bleibt also Ägypten.

Für Bonaparte gibt den Ausschlag, daß sich mit dem Land der Pharaonen märchenhafte Züge verbinden; hier läßt sich militärisches Kalkül mit dem Wunderbaren verbinden. Der nur scheinbar so kalte und nüchtern-rechnende Realist ist tatsächlich in seinem Innersten ein schwärmerisches Gemüt, das die gefühlsselige Poesie Ossians weit mehr liebt als Homer, sich für Goethes *Die Leiden des jungen Werthers* begeistert (dieses Buch nimmt er mit auf die Reise) und bei sanfter, stimmungsvoller Musik ins Träumen gerät. Der Angriff auf Ägypten, so sehr er sich auch wirtschaftspolitisch und militärisch vernünftig begründen läßt, entspringt letztlich dem Wunsch, es den großen Helden nachzutun, nämlich Alexander und Caesar, deren Ägyptenzüge dem militärischen Ruhm den Duft der Legende beimischten. Und Bonaparte hat sich nicht getäuscht: Eben dies wird auch ihm geschehen.

Das Expeditionskorps bricht am 19. Mai 1798 gleichzeitig aus mehreren Häfen auf; an Bord gehen neben sechsunddreißigtausend Soldaten auch dreihundert Wissenschaftler aus allen Disziplinen, die das geheimnisvolle Land erforschen sollen, eine Idee, die einem Mitglied des Institut de France wohl ansteht. Treffpunkt aller zweihundert Schiffe ist Malta, das bei dieser Gelegenheit gleich im Handstreich genommen wird. Unbehelligt von der britischen Flotte, die nicht in der Lage ist, die französische Armada aufzuspüren, landen die Franzosen zwischen dem 1. und 3. Juli gänzlich ungehindert bei Marabout.

Daß Bonaparte sich ausgerechnet die heißeste Jahreszeit als Beginn seines Unternehmens gewählt hat, zeugt von ziemlicher Gedankenlosigkeit und rächt sich mit schweren Ausfällen bei den Soldaten, die auf den Märschen zusammenbrechen. Nur die belebende Wirkung der ersten Siege über die Mameluken verhindert ein Desaster. Besser vorbereitet ist der Oberkommandierende beim Einzug in Kairo. Er weiß, daß er in einem islamischen Land alles vermeiden muß, unangenehme Kreuzzugserinnerungen zu wecken. Also tritt er mit dem Koran in der Hand vor die Öffentlichkeit, verspricht, den Glauben zu schützen und keine geheiligten Traditionen anzutasten, und trägt auch ungeniert die Landestracht. Sogar Druckerpressen mit lateinischen, griechischen und arabischen Lettern hat er mitgebracht, und aus ihnen quellen reichlich die Propagandablätter, mit denen die Muselmanen bei Laune gehalten werden sollen. Und das Korps der Wissenschaftler schwärmt aus, das Land zu erkunden.

Schlecht bestellt ist es um die eigenen Soldaten. Immer wieder brechen Epidemien aus, die zahlreiche Opfer fordern, vor allem die gefürchtete Beulenpest, die man als Schwarzen Tod nur noch aus den Geschichtsbüchern kannte. Die Nachricht von den bestialischen Grausamkeiten, verübt von den aus Norden heranrükkenden türkischen Truppen an französischen Gefangenen und Verwundeten, wirkt deprimierend und erklärt auch Bonapartes Entschluß, fünftausend türkische Gefangene niedermetzeln zu lassen, weil er damit rechnet, sie würden bei ihrer Freilassung sofort seine Truppen überfallen. Die Belagerung von Akkon verläuft ergebnislos, unnütz und verlustreich; der Sieg am Berg Tabor wirkt zwar angesichts der ungeheuren türkischen Verluste eindrucksvoll, ist aber nicht kriegsentscheidend, und als die Briten die französischen Schiffe bei Abukir vernichten, bleibt nicht einmal die Möglichkeit zum Rückzug übrig. Die Franzosen kämpfen nun mit dem Rücken zur Wand, und jeder Tag dezimiert ihr ohnehin schon stark geschrumpftes Expeditionskorps. Dies und die Unmenschlichkeit der Türken und Araber erklären die Brutalität Bonapartes, der lokale Aufstände geradezu in Blut ertrinken läßt, denn er weiß genau, daß ihm jede Milde als Schwäche ausgelegt werden würde. Wohl beeindruckt es seine Soldaten, daß ihr General sich persönlich um all ihre Beschwernisse kümmert, daß er die an der Pest sterbenden Kameraden in den Lazaretten besucht und sie vor aller Augen berührt, aber das stärkt denn doch mehr die Legende als die sinkende Moral und nützt nichts gegen die sich ausbreitende Hoffnungslosigkeit. Gezielt zugespielte Zeitungen informieren Bonaparte darüber, was inzwischen in Europa vorgeht: Österreich erneut im Krieg, Oberitalien fast verloren, russische Armeen in der Schweiz, Frankreich von Krisen geschüttelt. Und der General tut das einzig Vernünftige: Am 22. August 1799 schifft er sich mit seinem Stab ein und übergibt das Oberkommando General Kléber.

Später, in der verklärten Rückschau, wird er sagen: »In Ägypten fand ich mich befreit von den Hemmnissen einer beschwerlichen Zivilisation. Ich war voller Träume. Ich sah mich, wie ich eine Religion gründete, wie ich nach Asien marschierte, wie ich einen Elefanten ritt, einen Turban auf dem Kopf und in der Hand einen neuen Koran, den ich nach Maßgabe meiner Bedürfnisse zusammengestellt hatte. Die Zeit, die ich in Ägypten zubrachte, war die schönste meines Lebens, weil sie die idealste war.«

Da hat er sich nachträglich einiges vorgemacht und von der Erinnerung verklären lassen, denn die selbstgeschaffene Legende hatte auf St. Helena ihn selber auch schon umnebelt, so daß es ihm schwerfiel, Wunsch und Wirklichkeit auseinanderzuhalten. Seine Soldaten jedenfalls dürften das ganz anders gesehen haben. Beifall hätten ihm wohl nur die Wissenschaftler gespendet, denn deren Ertrag war in der Tat groß. Die Eroberung Ägyptens blieb militärisch ein so kurzes wie verlustreiches Abenteuer. Wissenschaftlich hingegen überstieg das Unternehmen alle Erwartungen und legte den Grundstein zu einer ganz neuen geistigen Disziplin: der Ägyptologie. Wohl gelang die Entzifferung der Hieroglyphen erst nach Napoleons Tod, aber sie wäre ohne sein Unternehmen damals nicht möglich geworden. Wohl lag das Interesse an allem Ägyptischen schon lange in Europa verborgen – schönster Ausdruck dafür ist Mozarts Oper *Die Zauberflöte* (1791) –, aber erst die französische Expedition brachte genauere Kenntnisse mit nach Hause, die alte Pharaonenkultur schien jetzt den Europäern näher gerückt, und das konnte nicht folgenlos bleiben.

Am augenfälligsten reagierte das Kunstgewerbe. Im letzten Viertel des 18. Jahrhunderts hatten der Klassizismus und die zunehmende Begeisterung für die griechisch-römische Antike den Stil gewandelt. Die verspielte Anmut des Rokoko wich der strenggliedernden Linie; römische Architektur lieferte Vorbilder und das Dekor, antike Historiker (vor allem Plutarch) setzten heroische Lebensziele, die Männer trugen ihr Haar nicht mehr lang, gepudert und in einem Haarbeutel zusammengefaßt, sondern kurzgeschnitten als »Tituskopf« – nach den Büsten des römischen Kaisers.

Jetzt, 1799, und in den folgenden Jahren bereichern pharaonische Motive den griechisch-römischen Formenkanon. Stühle, Tische, Sessel und Hocker werden mit Sphinxen und Löwenklauen verziert, feuervergoldete Kandelaber erscheinen in der Gestalt ägyptischer Götter und Göttinnen, und es sollte gar nicht mehr lange dauern, da speiste das Ehepaar Bonaparte von einem Service der Porzellanmanufaktur Sèvres, deren Teller mit ägyptischen Landschaften und Motiven pharaonischer Kultur bemalt waren.

Zwar hatte der General Bonaparte die Reitergeschwader der Mameluken auf dem Schlachtfeld besiegt, aber diese farbenprächtige Kavallerie gefiel ihm so gut, daß er später seiner Garde einige Mameluken-Schwadronen einverleibte. Und da er so viele echte Mameluken nicht hatte mitbringen können, rekrutierte er ohne Bedenken auch Südfranzosen, die, orientalisch gewandet und mit scharfen Krummsäbeln bewaffnet, gemeinsam mit den originalen Wüstensöhnen, die Sollstärke erreichen halfen, die 1813 ganze zweihundertfünfzig Reiter betrug. In der Schlacht von Austerlitz 1805 und in Spanien 1808 sind diese Mameluken, die echten wie die weniger echten, im Einsatz gewesen und haben sich dort mit jener ganz außerordentlichen Bravour geschlagen, die man von ihnen erwartete.

Doch damit nicht genug. General Bonaparte war in Ägypten ein junger Mameluk geschenkt worden, Roustam genannt, der seither als Leibwächter Dienst tat. Er begleitete seinen Herrn, wo immer er sich aufhielt, und ließ ihn nie aus dem Auge, stets bereit, jedem Attentäter zuvorzukommen. Nachts schlief er mit blanker Waffe in der Nähe seines neuen Besitzers, ein zuverlässiger Mann, ohne den Napoleon Bonaparte nie zu sehen war. Ja, als Napoleon 1814 als Kaiser abdanken mußte und Roustam seinen Herrn im Stich ließ, mochte Napoleon nicht auf den gewohnten Leibwächter verzichten. Er engagierte einen jungen Franzosen, kostümierte ihn als Mameluken, nannte ihn Ali und nahm ihn mit ins Exil, wo sich der falsche Mameluk als ebenso treu erwies wie der echte, der am Ende falsch gewesen war.

Ein populärer Herrscher, das hat der junge General in Ägypten gelernt, bedarf einprägsamer, die Phantasie der Menschen beflügelnder Attribute, die sein Erscheinungsbild unverwechselbar machen. Napoleon ist dazu in seinem Leben viel eingefallen, und das erste ist jene wohldosierte Prise Exotik gewesen, die er der Konfrontation mit dem Orient so unvergleichlich abzugewinnen verstanden hat.

Auch bei der Rückfahrt nach Frankreich bleibt Bonaparte das Glück treu, wieder können ihn die britischen Schiffe nicht finden. Nach sechs Wochen Überfahrt landet er in Fréjus. Zunächst einmal erwartet ihn zu Hause ein Familiendrama um die notorisch untreue Joséphine und den sie lautstark verklagenden Clan der Bonapartes, wie denn ja auch später alle seine Taten stets vom Chor dieser korrupten Familienmafia begleitet sein werden. Selbstverständlich bleiben seine eigenen erotischen Eskapaden mit der Ehefrau eines Leutnants, den er sich in Ägypten mit einem Befehl vom Halse schafft, unerwähnt. Aber es gibt Wichtigeres zu tun als die erotische Auf- und Abrechnung. Der Flüchtling aus Ägypten – manche in Frankreich nennen ihn zornig einen pflicht- und ehrvergessenen Deserteur, der vor ein Kriegsgericht gehöre – eilt nach Paris, wo viele schon sehnlich auf ihn warten, die sich eine Lösung der schier unlösbar gewordenen innen- und außenpolitischen Probleme von dem jungen Sieger erhoffen und den Staatsstreich vorbereiten.

Dieser Putsch am 9. Oktober 1799 (nach dem Revolutionskalender ist es der 18. Brumaire) verläuft jämmerlich: Bonaparte gerät mit seiner pathetischen Anklagerede vor den Parlamentariern bei den ersten Zurufen ins Stottern. Als die Abgeordneten schreiend seine Ächtung fordern und nun auch noch körperlich auf ihn eindringen, ihn einkreisen und Miene machen, ihn zu schlagen, verliert der Mann, der im dichtesten Granatenhagel furchtlos bleibt, die Nerven. Jetzt ist er nur noch ein Bündel bleicher, zitternder Angst, aber seine Grenadiere lassen ihn nicht im Stich, sie retten ihren General und treiben die Parlamentarier mit den Bajonetten aus dem Saal.

Um dieses eklatante Versagen zu verstehen, müssen wir einen Blick zurückwerfen auf die Ereignisse des Jahres 1792. Damals hat Bonaparte in Paris die Erstürmung der Tuilerien als Augenzeuge miterlebt und mit ansehen müssen, wie die Palastwache der Schweizer, auf ausdrücklichen Befehl des Königs, nicht auf die Angreifer schießen durfte. Es wurde ihnen nicht gedankt: Alle Schweizer Soldaten starben auf die entsetzlichste Art, zerhackt und zerrissen von einem bluttrunkenen Mob. Für den jungen Bonaparte ein Schlüsselerlebnis. Er, der immer allein gewesen war und körperliche Nähe nicht mochte, lernte seine Lektion: Entweder discipliniere ich die Masse zur Armee, das heißt zu willenloser Uniformität, die blindlings gehorcht. Oder ich bin einer Anarchie konfrontiert, die mich verschlingt, wenn ich sie nicht mit Kanonen und eisernem Willen discipliniere.

Ob Bonaparte am 13. Vendémiaire persönlich die Aufständischen auf den Stufen der Kirche von St. Roche niederschießen ließ oder ein anderer, ist ein Streit unter Experten. Festzustehen scheint mir dies: Die Niederschlagung war ihm sympathisch, denn hier wurde ein disziplinloser Mob mit Kanonen zur Ordnung gezwungen. Ich werde auf dieses napoleonische Trauma im Verlauf dieser Darstellung noch mehrfach zurückkommen müssen.

Seine Berührungsangst war und blieb groß. So, wie er es nicht liebte, geduzt zu werden, und sich später als Kaiser Distanz schaffte durch den Zwang der Etikette, so erwuchs auch sein überaus penibles Reinlichkeitsbedürfnis aus dem Willen, Abstand zu halten zu einer in Dingen der Sauberkeit recht laxen Bevölkerung. Ja, vielleicht könnte man hier den Grund finden, warum dieser Mann zeitlebens ohne Freund geblieben ist: Körperliche Nähe gestattete er sich nur in der Erotik, besser: in seinem phantasielosen Sexualleben, das nur die Triebbefriedigung kannte, fernab erotischer Kultur, fernab erst recht von Liebe.

Die Volksabstimmung vom Februar 1800 bestätigt ihn im Amt als Ersten Konsul – so lautet der für ihn geschaffene Titel – und die neue Verfassung. Der Zweite und der Dritte Konsul lernen in wenigen Wochen, daß sie nichts zu bestimmen haben. Die Macht, die er jetzt gewonnen hat, nicht nur als Erster Konsul, sondern auch als der Erste in Frankreich überhaupt, will und wird er nie wieder abtreten. Während er ein gewaltiges Reformprogramm vorbereitet und vorantreibt, muß endlich der immer noch schwelende Krieg mit Österreich zum Erlöschen gebracht werden. Am 14. und 15. Mai 1800 überquert der Erste Konsul mit einer Armee den noch verschneiten Großen St. Bernhard, was niemand vermutet, und greift die Österreicher in Oberitalien an. Am 14. Juni bereitet er ihnen eine schwere Niederlage bei Marengo, am 3. Dezember schlägt sie General Moreau in Bayern bei Hohenlinden. Der Krieg mit Österreich geht am 8. Februar 1801 mit dem Frieden von Lunéville zu Ende. Frankreich erhält alle Gebiete westlich des Rheins. Im Herbst dieses Jahres beginnen die Verhandlungen mit England, die im Februar 1802 zum Frieden von Amiens führen. Nach zehn Jahren Krieg zu Lande und zu Wasser schweigen die Waffen. In Europa – England ausgenommen, das aus wirtschaftlichen Erwägungen diesen Friedensschluß schon bald für einen Fehler hält – gilt der Erste Konsul Bonaparte als der große verehrte Friedensstifter. In Deutschland erklärt eine Broschüre die militärische Karriere des Gefeierten für nunmehr abgeschlossen, ein Friedensfürst.

Grund für solchen Optimismus gibt es genug, zumal alle Aktivitäten Bonapartes auf die Innenpolitik gerichtet sind. Ein auf ihn verübtes Sprengstoffattentat am 24. Dezember 1800 in Paris (der Erste Konsul befindet sich gerade auf der Fahrt zur französischen Premiere von Haydns *Schöpfung*) mißlingt zwar, aber der Konsul nutzt die Gelegenheit zur erbarmungslosen Vernichtung aller Jakobiner, obwohl diese nicht hinter dem Anschlag stehen. Das folgende Jahr bringt mit dem Konkordat die Einigung mit der katholischen Kirche, was zur Stabilisierung von Bonapartes Macht durch den Klerus führt. Mit der ebenfalls 1801 vorgenommenen Stiftung der Ehrenlegion wird ein geradezu ideales Instrument geschaffen, einen sowohl militärischen wie zivilen Verdienstorden zu stiften, der alle Schichten der Bevölkerung miteinander verbindet. Am wichtigsten aber ist die Verwirklichung des großen Reformprogramms, und sie gehört zu Napoleons staunenswertesten Leistungen.

Die Erneuerung Frankreichs von Grund auf konnte natürlich nicht von oben befohlen werden. Aber die Persönlichkeit des Ersten Konsuls, diese Verkörperung rastloser Energie und unermüdlicher Vitalität, wirkte inspirierend auf ein ganzes Volk. Dieser Mann vermittelte den unerschütterlichen Glauben, es müsse aufwärtsgehen, es müsse eine neue Ordnung gestiftet werden, es müsse ein neuer Geist das Land beleben und befruchten, und diese Hoffnung übertrug sich auf alle Schichten. Bonaparte hätte sein Programm nicht verwirklichen können, wenn nicht alle angepackt hätten, wenn nicht auch die Wirtschaft und besonders das Geldgewerbe von dem allgemeinen Elan entzündet worden wären. Napoleon Bonaparte gelang es, einer ganzen Nation den Glauben an sich zurückzugeben. Es war ihm gelungen, die Armee glauben zu machen, Wunder gehörten in den Bereich der Realität, und eben dies machte er auch die Bevölkerung Frankreichs glauben – und schon sehr bald wurde es ihr auch sehr irdisch vor Augen geführt.

Zunächst galt es, die völlig zerrütteten Staatsfinanzen in Ordnung zu bringen. Als Bonaparte 1799 die Regierungsgewalt übernommen hatte, betrug das Staatsdefizit vierhundertvierundsiebzig Millionen Francs, eine für die damalige Zeit gigantische Summe. Die Gründung der »Bank von Frankreich« im Februar 1800 war der erste Schritt der Reform, die Auszahlung der Staatsrenten in barem Geld der zweite, denn das schuf Vertrauen in die Solidität und Bonität der neuen Regierung und war Voraussetzung für ein neues Zahlungsmittel: den Franc auf Silberbasis (und nicht mehr Gold). Hinzu kam ein ganz neues und effizientes Steuersystem, mit dem es gelang, das Defizit von vierhundertvierundsiebzig Millionen auf acht Millionen Francs zu senken. Ein Jahr nach der Gründung der

Bank von Frankreich entstand das erste statistische Amt, eine vollkommen neuartige Einrichtung, mit der es erstmals möglich wurde, eine auf exakten Zahlen beruhende Wirtschaftspolitik zu betreiben.

Dank der raschen Sanierung der Finanzen konnte Bonaparte ein umfassendes Beschäftigungsprogramm entwickeln, um die hohe Arbeitslosigkeit abzubauen. Frankreich erhielt das modernste Straßennetz Europas, drei große, das Land durchziehende Kanäle und drei neue Häfen. Damit wurde auch die bislang recht mangelhafte Versorgung der Bevölkerung entscheidend verbessert, vor allem die Belieferung mit Brotgetreide, und damit verbunden eine spürbare Reduzierung der Preise. Für die Bedürftigen wurden öffentliche Küchen eingerichtet, die täglich kostenlos warme Suppen ausgaben. Emigranten, die bereit waren, am Aufbau des neuen Staates mitzuarbeiten, durften zurückkehren und bekamen ihr Eigentum erstattet, sofern nicht wichtige öffentliche oder private Interessen davon berührt wurden. Mit dem Jahr 1802 waren Hunger und Massenarbeitslosigkeit beseitigt. Zum erstenmal seit hundertdreißig Jahren erlebte Frankreich einen ungewöhnlichen Wohlstand. Gesichert waren Vollbeschäftigung, stabile Preise und eine ausgeglichene Handelsbilanz. Das lag vor allem daran, daß Landwirtschaft und Textilindustrie, die beiden Hauptfaktoren der damaligen französischen Wirtschaft, gesundet und durch Schutzzölle gesichert waren vor ausländischer Konkurrenz.

Freilich: Der revolutionäre Elan von 1792 war jetzt, nach zehn Jahren, dem Wunsch nach Wiederaufbau gewichen. Frankreich hatte genug von allzu vielen ideologischen Experimenten, aber das heißt nicht, daß es bereit gewesen wäre, auf die revolutionären Errungenschaften zu verzichten. Auch wenn man noch nach dem Revolutionskalender das Jahr gliederte und die Anrede »Monsieur« oder »Madame« verpönt blieb, war doch unübersehbar, daß große gesellschaftliche Umwälzungen sich vollzogen und eine neue Oberschicht, diesmal die des Geldes, sich herausbildete.

Was aber weit mehr zählte, war die fast religiöse Verehrung des Mannes, dem man den großen Fortschritt zuschrieb und der so etwas wie ein spiritus rector gewesen war. Auch wenn wir durchaus Grund haben, den Ergebnissen der damaligen Volksabstimmungen zu mißtrauen, so muß man doch davon ausgehen, daß die Masse der Franzosen den Ersten Konsul bewunderte und verehrte und in ihm den Garanten für Frieden und Wohlstand sah.

Napoleon Bonaparte war sich dessen durchaus bewußt, und er gedachte, seine Macht dauerhaft zu festigen. Nach den Friedensschlüssen von Lunéville und Amiens bot der französische Senat, das höchste Gremium des Staates, Bonaparte die Verlängerung seiner Amtszeit um zehn Jahre an. Der Erste Konsul antwortete darauf mit einem Trick: Er verlangte zu dieser Frage eine Volksabstimmung, und als diese bewilligt wurde, lautete die Frage nicht nach einer Verlängerung um zehn Jahre, sondern galt dem Konsulat auf Lebenszeit. Das Ergebnis ließ sich unschwer voraussehen: 3,6 Millionen aller wahlberechtigten Franzosen stimmten mit Ja, nur 8374 verweigerten ihre Zustimmung. Angesichts dieses Plebiszits ernannte der Senat Napoleon Bonaparte am 2. August 1802 zum Konsul auf Lebenszeit. Seine Beweggründe hatte der junge Herrscher einige Monate zuvor den Senator Thibaudeau wissen lassen:

»Ich weiß wohl, daß dies ein schwacher Schutz für das Innere des Landes ist, aber nach außen ist es sehr vorteilhaft. Von diesem Augenblick an stehe ich auf der gleichen Höhe mit den anderen Herrschern, denn im Grunde genommen sind sie ja auch weiter nichts als Staatsoberhäupter auf Lebenszeit. Sie und ihre Minister werden mich jetzt mehr achten. Die Gewalt eines Mannes, der alle Angelegenheiten Europas in seiner Hand hat, darf weder unsicher sein noch so scheinen. Mit Ausnahme einiger Unsinniger, die nur Unordnung wünschen, und einiger ehrbarer Leute, die eine spartanische Republik erträumen, will Frankreich Beständigkeit und Kraft in seiner Regierung haben.«

Beständigkeit und Kraft: Das bedeutete zugleich auch die beträchtliche Vergrößerung und Neuorganisation der Armee, was schon darum unerläßlich war, weil der Krieg mit Großbritannien nach nur anderthalb Jahren Frieden erneut ausbrach. Die Art und Weise, wie Bonaparte die von ihm favorisierte Konsulargarde vergrößerte und als Elitetruppe seiner Person attachierte, deutete für jeden politisch Sensiblen an, welche weiteren Absichten der Erste Konsul für seine Person hegte. Denn schon jetzt wiesen die Tuilerien, der Regierungssitz, alle Zeichen eines Hofes auf. Beschwörend mahnte aus Deutschland der greise Dichter Johann Wilhelm Ludwig Gleim: »Kröne dein Werk mit dem ewigen Frieden, erhabener Krieger! / Sieh, den ewigen *Krieg* schreibt die Geschichte mit Blut! / Laß sie den ewigen *Frieden* mit lauterem Golde nun schreiben: / Setze die Krone nicht *dir,* setze dem Werke sie auf!« Der Publizist Joseph Görres hingegen, der noch 1798 in einer Ode »den schon unsterblichen Buonaparte« besungen hatte, urteilte jetzt nach einem Besuch in Paris, merklich abgekühlt in seiner Begeisterung: »Nehmt euch in Bälde den Suetonius zur Hand, denn der neue Augustus ist fertig.«

Der Weg zum Alleinherrscher ist klar vorgezeichnet und prägt auch den Charakter dieses Mannes, wie anders? In den Jahren des Konsulats finden sich im Wesen Napoleon Bonapartes durchaus Züge von Leichtigkeit, fast Anmut. Schon daß er lieber das intime Schlößchen Malmaison vor den Toren von Paris bewohnt und zum Regierungssitz macht als die so pompösen wie düsteren Tuilerien, ist ein Indiz. In Malmaison dominieren, dank Joséphines leichter Hand und liebenswürdigem Wesen, die Geselligkeit, die Nonchalance. Besonders in der kurzen Friedenszeit erlebt man hier einen Napoleon von einer Gelöstheit und heiteren Aufgeräumtheit wie später nie wieder.

In Malmaison hat der Erste Konsul mehr Tage verbracht als in allen anderen Schlössern Frankreichs. Für die Umbauten und die Umgestaltungen der ausgedehnten Parkanlagen bewilligte der sonst so Sparsame gewaltige Summen ohne Zögern. Joséphine ließ Gewächshäuser errichten und importierte Pflanzen aus England. Später, 1805, wurde Pierre-Joseph Redouté von ihr zum »Blumenmaler der Kaiserin« ernannt; im Verlauf vieler Jahre sollte er, da war Joséphine schon tot, die Blütenpracht von Malmaison in handkolorierten Graphiken der Nachwelt überliefern. Während des kurzen Friedens mit England empfing Joséphine in Malmaison den englischen Minister Charles James Fox, der sich später ihrer Worte erinnerte: »Hier ist die Hortense, die kürzlich nach meiner Tochter benannt wurde, hier das Alpenglöckchen, das Parma-Veilchen, die Nil-Lilie, die Damiette-Rose; diese Siege über Italien und Ägypten werden Bonaparte nie Feinde schaffen. Aber hier ist meine eigene Eroberung, fügte sie hinzu und wies auf einen schönen Jasmin von Martinique; der von mir gesäte und gezüchtete Samen erinnert mich an meine Heimat, meine Kindheit und den Festschmuck in meiner Mädchenzeit. Und indem sie das sagte, klang ihre Kreolinnenstimme in der Tat wie Musik, ausdrucksvoll und innig.«

Aber Malmaison blieb nicht nur das private Refugium des neuen Machthabers Frankreichs, es wurde auch die Stätte der intensiv betriebenen politischen Reformvorhaben. So wurden Teile des Konkordats, das sehr zur inneren Versöhnung Frankreichs beitragen sollte, hier ausgehandelt, hier entwickelte sich auch die Idee zur Gründung der Ehrenlegion, und hier wurde auch über die Schaffung eines neuen Zivilgesetzes nachgedacht. Vor 1789 hatte es in Frankreich überhaupt kein einheitliches Gesetzbuch gegeben. Die Revolution hatte zwar immer wieder eines der Nation versprochen, war aber damit nie fertig geworden. Der jetzt von einer Juristenkommission unter dem Vorsitz des Ersten Konsuls erarbeitete *Code Civil* entstand in nur vier Monaten. Allerdings nahmen anschließend die Beratungen im Staatsrat über das neue Gesetzeswerk weit mehr Zeit in Anspruch. Und wie sich die Juristen nichts von dem jungen Staatsoberhaupt hatten vorschreiben lassen, konnte Bonaparte auch im Staatsrat nicht alle Wünsche durchsetzen. Er akzeptierte das, weil er sich den Argumenten von Experten nicht verschloß. Dennoch trägt dieses wichtige Gesetzeswerk ganz und gar sein Gepräge, und als der *Code Civil* 1804 in Kraft trat, wurde er sehr berechtigt *Code Napoléon* genannt. Es erwies sich als das fortschrittlichste Gesetzbuch, das die Welt damals kannte und auch entsprechend bewunderte. Wenn die Dichter den Schöpfer dieses Werks als Friedensstifter und Menschheitsbeglücker feierten, so geschah dies nun zum letztenmal. In dem Maße, wie jetzt Bonaparte zu Napoleon wird, verändert sich sein Bild. Aus dem Friedensbringer wird der Schlachtengott.

Aber eines bleibt, ja vertieft sich noch: Es ist der Eindruck von welthistorischer Größe, der sich mit seinem Namen verbindet und weit über Frankreichs Grenzen hinauswirkt.

8

8 Napoleon Bonaparte als Kadett in Brienne. Zeichnung eines Mitschülers, 1785; das erste Porträt Napoleons. Versailles, Musée de l'Histoire de France **9** Charles Marie Bonaparte, der Vater. Gemälde eines unbekannten Künstlers. Versailles, Musée de l'Histoire de France **10** Letizia Ramolino, die Mutter. Miniatur von Charles-Guillaume-Alexandre Bourgeois (1799). Paris, Musée Carnavalet **11** Karikatur Bonapartes, gezeichnet in dessen Atlas von einem Mitschüler in der Militärschule von Brienne. Paris, Archives Nationales **12** Taufurkunde Napoleons, ausgestellt am 21. Juli 1771 mit der Signatur »Carlo Buonaparte«. Ajaccio, Archives Départementales

9

11

10

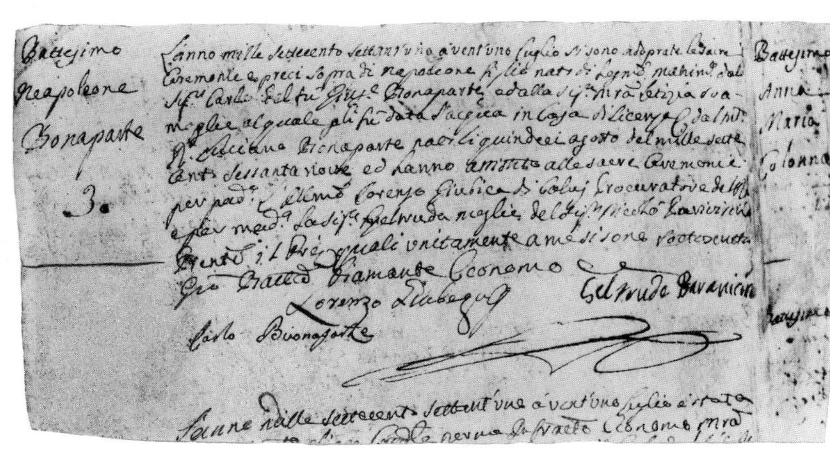

Battesimo
Napoleone
Bonaparte
3.

L'anno mille settecento settantuno a ventuno luglio si sono adoprate le sacre
Ceremonie e preci sopra di Napoleone figlio nato di legitimo matrimonio dal
Sig.r Carlo del fu Giuseppe Bonaparte e dalla Sig.ra Maria Letizia sua
moglie al quale gli fu data l'acqua in casa di licenza dal Ill.mo
R.do Luciano Bonaparte nato li quindeci agosto del mille sette
cento sessanta nove ed hanno assistito alle sacre Ceremonie
per padrino l'Ill.mo Lorenzo Giubega di Calvi Procuratore del Re
e per madrina la Sig.ra Geltruda moglie del Sig.r Nicolò Paravicini
presente il Padre quali unitamente a me si sono sottoscritti
Gio Battista Diamante Economo
Lorenzo Giubega
Geltruda Paravicini
Carlo Buonaparte

Battesimo
Anna
Maria
Colonna

L'anne mille settecento settantuno a ventuno luglio è stata

12

13

14

15

Der Aufstieg
Bonapartes vollzieht
sich in den
Wirren der Revolution.

13 Bei der Belagerung des von den Engländern besetzten Toulon im Dezember 1793 (dargestellt in einem Kupferstich von Paul Grégoire) zeichnet sich der junge Artillerieleutnant Bonaparte durch ein Konzept aus, das zur Einnahme der britischen Stellungen und damit zur Eroberung Toulons führt.

14 Die von ihm geleitete Niederwerfung eines royalistischen Aufstands vor der Kirche Saint-Roch in Paris fördert Bonapartes rasche Karriere.

15 Der Angriff auf die Tuilerien am 10. August 1792. Gemälde von Jacques Bertaux. Versailles, Musée de l'Histoire de France. Der junge Bonaparte hat die Massakrierung der Schweizer Palastwache als Augenzeuge miterlebt.

16

17

16 In Albenga übergibt General André Masséna am 5. April 1796 dem Divisionsgeneral Bonaparte das Kommando über die Armee. Zeichnung eines unbekannten Künstlers. Paris, Collection du Prince d'Essling
17 Porträtstudien Bonapartes, gezeichnet von Jacques-Louis David. Musée Masséna **18** Frühe Propaganda im Kupferstich: »Die einstigen und jetzigen Wunder« – Papst Pius und die Jungfrau von Loretto treffen am 14. Februar 1797 mit Bonaparte zusammen (oben), Bonaparte und Augereau überqueren die Brücke von Arcole am 15. November 1796. Paris, Bibliothèque Nationale

Lat.

LES MIRACLES D'AUTREFOIS.

(PIE VI, Jean-Ange BRASCHY, Né à Césene, le 27 décembre 1717, élu Pape le 15 Février 1775) avait excommunié Buonaparte et toute l'armée d'Italie. *Buonaparte* a fait lever l'excommunication à coups de canon, et forcé le Saint-Père à faire la Paix avec la République Française, signée à *Tolentino*, à 35 lieues de Rome, le premier Ventôse de l'an 5.

Sa Sainteté renonce à Bologne, Ferrare, Avignon et la Romagne, et consent à un emprunt forcé de 30 millions.

Le 26 Pluviôse de l'an 5, les Français entrèrent dans *Loretto*. La Vierge appelée la *Sancta Madona* fut emballée et envoyée à Paris par *Buonaparte*. Les prêtres Italiens s'efforcèrent de faire croire au peuple que les Anges ne permettraient pas qu'elle restât long-temps entre les mains des infidèles, et qu'ils la rapporteraient à Lorette, comme ils avaient apporté (soi-disant eux) la *Sancta Casa* (ou Maison de la Vierge) depuis Nazareth en Dalmatie, jusqu'à Lorette en Italie. Les Italiens attendent ce miracle, comme les Juifs attendent le Messie.

LES MIRACLES D'AUJOURD'HUI.

Buonaparte et Augereau saisissant chacun un drapeau, et au milieu d'une pluie de feu, traversent le pont d'Arcole. L'armée française, guidée par son courage ordinaire, et par l'exemple de leurs chefs, s'élance sur l'ennemi avec une telle rapidité, que la bataille, après trois jours de combat, fut décidée en faveur des Français le 27 Brumaire an 5. Ce trait d'héroïsme fut un de ceux qui décida du sort de l'Italie. Dans cette action mémorable, l'ennemi fut chassé et poursuivi jusqu'à Bonifacio, après avoir eu, 4 mille hommes tués, autant de blessés, 4 à 5 mille prisonniers, dont 57 officiers, perdu 4 drapeaux, 18 canons plusieurs caissons, etc.

achetté cette feuille le 2 thermidor de l'an cinq dans la place des trois maries

19 20

19 Der Erste Konsul Bonaparte im Park von Malmaison. Bleistiftzeichnung von Jean-Baptiste Isabey (1802) aus dem ehemaligen Besitz von Joséphine de Beauharnais. Paris, Schloß Malmaison
20 Allegorische Darstellung der Unterzeichnung des Konkordats zwischen Bonaparte und Kardinal Hercule Consalvi am 13. Juli 1801. Kupferstich von André Basset. Paris, Musée Carnavalet
21 Der »Code Civil des Français«, genannt »Code Napoléon«. Collection Maximo Scioletto

AVIS
DE L'ÉDITEUR.
J'ai déposé, suivant l'usage,
Deux exemplaires de l'ouvrage
A la Bibliothèque; ainsi,
J'annonce et je déclare ici,
Que j'entends constamment poursuivre,
De nos lois suivant la rigueur,
Tout contrefacteur de ce livre.
A Paris,
MOUTARD, Éditeur.
CODE CIVIL
DES FRANÇAIS,
MIS EN VERS,
Avec le texte en regard.
LIVRE PREMIER.
PAR J.-H. FLACON-ROCHELLE.
De bonnes Lois civiles sont le plus grand bien
que les Hommes puissent donner et recevoir.
Discours préliminaire du projet du Code Civil.
A PARIS,
De l'IMPRIMERIE de S. A. I. le PRINCE JOSEPH.
AN 2.e DE L'EMPIRE.

22

23

24

22 Der Prozeß gegen Georges Cadoudal und seine Mitverschwörer, eröffnet am 25. Mai 1804. Aquarell von Armand de Polignac. Paris, Musée Carnavalet **23** Der Erste Konsul und seine Frau besichtigen im November 1802 die Fabrik der Brüder Sevenne in Rouen. Zeichnung von Jean-Baptiste Isabey. Versailles, Musée de l'Histoire de France **24** In seinem Hauptquartier in Millesimo präsentiert General Marmont im April 1796 die in den Gefechten bei Montenotte und Cosseria erbeuteten österreichischen Fahnen. Aquarell von Jean-Claude Rumeau. Paris, Collection du Prince d'Essling

25 Am 10. Mai 1796 zwingt General Bonaparte den österreichischen General Beaulieu zum Rückzug über die Adda bei Lodi. Da der Besitz der Brücke entscheidend ist für den geordneten Rückzug, vor allem der Artillerie, konzentriert sich der Kampf auf den Flußübergang. Obwohl die Österreicher zahlenmäßig weit überlegen sind, können sie ihre Stellung nicht behaupten. Sie verlieren 153 Tote, 1700 Gefangene und 16 Kanonen, die Franzosen 350 Tote und Verwundete. Bonaparte ist den ganzen Tag inmitten seiner kämpfenden Soldaten und begeistert sie durch seinen unerschrockenen persönlichen Einsatz. Von diesem Tage an nannten sie ihn den »kleinen Korporal«, weil er sich als ihr persönlicher Führer bewährte und nicht als distanzierter General. Louis-François Lejeune, der als junger Offizier an dieser Schlacht teilnahm, malte das Geschehen Jahre später und stellte sein Bild im Salon von 1804 der Öffentlichkeit vor. Versailles, Musée de l'Histoire de France

26

26 General Bonaparte begnadigt
die Aufständischen von Kairo am 22. Oktober 1798.
Gemälde von Paulin Guérin. Versailles, Musée
de l'Histoire de France **27** Rast französischer Truppen
am 2. Februar 1799 in Oberägypten bei Assuan.
Gemälde von Jean-Charles Tardieu,
ausgestellt im Salon von 1812. Versailles,
Musée de l'Histoire de France

27

28

30

29

31

32

28-32 Am 14. Juni 1800 schlägt Napoleon bei Marengo in Oberitalien die ihm zahlenmäßig überlegene österreichische Armee; die verheerende Niederlage (14000 Tote und Verwundete) zwingt Österreich zum Frieden. Die Schlacht schien am Nachmittag um drei Uhr für die Franzosen verloren, als endlich das langerwartete Korps des Generals Desaix eintraf und die Wende zugunsten der Franzosen herbeiführte. Louis-François Lejeune hat als Adjutant des Generalstabschefs Berthier an dieser Schlacht teilgenommen und sie als Augenzeuge gemalt. Sein Bild **32** wurde in den Salons von 1801 und 1802 ausgestellt und mit einer Goldmedaille sowie einem Förderpreis ausgezeichnet. Lejeunes Stärke waren die zahlreichen Details, die auf genauen Beobachtungen und Skizzen beruhten. **28** Der Sieger Napoleon im grauen Mantel beim entscheidenden Vorstoß gegen die Österreicher. Im Vordergrund ein seiner Kleidung beraubter Toter, neben dem sein Hund bellend wacht. **29** Ein verwundeter österreichischer Offizier, dem die Eingeweide herausgequollen sind, tötet sich mit einem Pistolenschuß in den Mund. Entsetzt wendet sich sein Kamerad von diesem Anblick ab. **30** Der Maler Lejeune selbst zu Pferd im Gespräch mit einem österreichischen Gefangenen. **31** Ein französischer Soldat reicht einem österreichischen Gefangenen seine Feldflasche. Versailles, Musée de l'Histoire de France

33

34

35

33 Die Eingangshalle von Schloß Malmaison. In der Mitte eine von Figuren getragene Schale aus Carrara-Marmor **34** Gesellschaftszimmer in Malmaison. Der Marmorkamin ist ein Geschenk des Papstes, die Sitzmöbel befanden sich ursprünglich im nahegelegenen, 1870 zerstörten Schloß von St. Cloud. Rechts neben dem Spiegel die Ossian-Darstellung von Girodet-Trioson **35** Das 1800 von den Architekten Pierre Fontaine und Charles Percier gestaltete Beratungszimmer in Schloß Malmaison. Die Dekoration soll an das Feldherrenzelt Napoleons erinnern.

36

36 Papierfächer mit Mahagonistäben und Elfenbein, bedruckt mit einem Kupferstich, den General Bonaparte darstellend im Zentrum einer Allegorie auf den Frieden von Campo-Formio, geschlossen am 17. Oktober 1797, nach dem Revolutionskalender der 26. Vendémiaire des Jahres VI. Hamburg, Museum für Kunst und Gewerbe
37 Bildnis der Kaiserin Joséphine im Park von Malmaison. Gemälde von Pierre-Paul Prud'hon (1805) Paris, Louvre

37

38

38 Napoleon. Gemälde von Joseph Charbord (1810). Rom, Museo Napoleonico Primoli. »Den Kaiser – diese Weltseele – sah ich durch die Stadt zum Rekognoszieren hinausreiten; – es ist in der Tat eine wunderbare Empfindung, ein solches Individuum zu sehen, das hier auf einen Punkt konzentriert, auf einem Pferde sitzend, über die Welt übergreift und sie beherrscht«, schrieb Georg Wilhelm Friedrich Hegel am 13. Oktober 1806 in einem Brief.

ZWEITES KAPITEL

DER KAISER

Napoleon ist den Weg von der kontrollierten Gewalt zur unkontrollierten Macht zielstrebig gegangen. Im Detail konnte er sich nachgiebig zeigen, und Argumenten von Fachleuten erwies er Respekt. Wenn es aber um die Verfolgung seines Lebensziels ging, demonstrierte er kompromißlose Härte. Schon im Januar 1800 führte er die Pressezensur wieder ein und ließ in Paris nur noch dreizehn – regierungstreue – Zeitungen zu. Frankreichs Geheimpolizei war die beste der Welt. An ihrer Spitze stand Joseph Fouché, charakterlich ein Lump und wegen seiner grausamen Massenmorde während der Revolution zu Recht als »Schlächter von Lyon« bezeichnet. Aber Napoleon interessierte sich nicht für die charakterlichen Qualitäten eines Menschen. »Ich verlange nur, daß man mir gut dient«, war einer seiner Lieblingssätze, und Fouché diente ihm gut, solange er sich davon etwas für sich versprach. Als der Erste Konsul nach dem Attentat vom 24. Dezember 1800, dem er um Haaresbreite entgangen war, die Jakobiner als Drahtzieher verdächtigte, konnte Fouché ihm nachweisen, daß seine Polizei gerade diese politische Gruppierung nicht aus den Augen gelassen hatte, sie also unschuldig sei. Aber Napoleon haßte diese radikalen Linken wie alle »Ideologen« (sein liebstes Schimpfwort); er ließ hundertdreißig Jakobiner nach kurzem Prozeß in Strafkolonien deportieren, wo sie bald umkamen; vier wurden hingerichtet. Tatsächlich standen aber hinter dem Attentat nicht die Linken, sondern drei Royalisten, von denen zwei verhaftet und guillotiniert wurden. Noch einmal zettelten die Royalisten eine Verschwörung an, die von der Polizei entdeckt wurde. Zwei Generale waren darunter, Pichegru und der populäre Moreau, der Sieger von Hohenlinden. Pichegru starb unter nie geklärten Umständen in der Gefängniszelle; Georges Cadoudal, die treibende Kraft der Verschwörung, und elf seiner Gefährten wurden geköpft, General Moreau mußte Frankreich verlassen; diesen in der Armee hochangesehenen und auch sonst populären Mann zu exekutieren, durfte Bonaparte nicht wagen.

Cadoudal hatte im Verhör ausgesagt, die Verschwörer hätten das Eintreffen eines Prinzen in Paris erwartet. Nun gab es viele Prinzen aus dem Haus Bourbon, aber seinen Namen wußte man nicht. Für den durch die ständigen Morddrohungen gereizten Napoleon gab es da nichts zu überlegen. Im badischen Ettenheim, nahe der französischen Grenze, lebte damals Louis de Bourbon Condé, Herzog von Enghien, mit einer Geliebten zusammen, ein Mann, dem die Freuden der Liebe mehr am Herzen lagen als die aktive Politik. Eine Dragonerabteilung riß ihn nachts aus dem Bett und verschleppte ihn auf französisches Gebiet. In der Festung von Vincennes nahe Paris erwartete den jungen Mann in der Nacht vom 20. zum 21. März 1804 ein Militärtribunal, das ihn, der jede Teilnahme an einer Verschwörung bestritt, im Eilverfahren aburteilte und sofort erschießen ließ.

Noch auf dem Sterbelager hat Napoleon die Verantwortung für diesen empörenden Rechtsbruch übernommen, der zwar kaum in Frankreich, wohl aber im übrigen Europa Zorn und Entsetzen auslöste. Nach Augenzeugenberichten hat die Nachricht von der vollzogenen Exekution Napoleon überrascht, ja getroffen. Ich vermute, daß er die Vollstreckung des Todesurteils nicht gewollt hat, weil er wußte, daß sie ihm politisch mehr schaden als nützen würde. Wirkungsvoller wäre gewesen, den Großmütigen herauszukehren und den Verurteilten spektakulär zu begnadigen, zumal er sehr wahrscheinlich gänzlich unschuldig war. Aber der wenig intelligente General Savary, eine mittelmäßige Natur von beflissener Lakaienhaftigkeit, hatte seine Brauchbarkeit durch rasche Tat beweisen wollen. Napoleon mußte jetzt die Verantwortung übernehmen. Es nicht zu tun, sich zu distanzieren, hätte bedeutet, nicht Herr seines Apparates zu sein, und da der Herzog nun einmal tot war, sollte seine Ermordung wenigstens der Abschreckung dienen.

Die Opferung des jungen Prinzen kam auch sonst ungelegen, denn der Mächtige bereitete den Schritt zum Kaisertum vor. Das bedeutete, sich auf die gleiche Stufe stellen zu dürfen wie Kaiser, Könige, Herzöge und Fürsten, denen man die offizielle Anrede »Mein Herr Bruder« ungern mit blutigen Händen schrieb. Vergossenes Prinzenblut – das war zumindest peinlich. Bei minderem Geblüt war man weniger penibel. Der Erste Konsul, der die Interessen seiner Geldgeber kannte, auf deren Wohlwollen er angewiesen war, hatte die von der Revolution abgeschaffte Sklaverei wieder eingeführt. Dem Aufstand der unterdrückten, ausgebeuteten und gequälten Schwarzen auf Santo Domingo schickte er ein Expeditionsheer entgegen, das sein Schwager, General Leclerc, kommandierte und zu dem emigrierte polnische Soldaten gehörten, die brutal zur Teilnahme gezwungen worden waren. Die Niederschlagung des Aufstands mißlang: Die französischen und polnischen Soldaten starben zu Tausenden am Gelben Fieber. Den begabten militärischen Führer der Schwarzen, Toussaint-Louverture, lud Napoleon zu Friedensverhandlungen nach Frankreich ein. Dort angekommen, wurde der Gast in einen Kerker gesperrt, den er erst als Toter wieder verlassen durfte. Die weitere Herrschaft der Franzosen auf Santo Domingo beendete die britische Flotte, da ja seit dem 16. Mai 1803 der Kriegszustand zwischen Großbritannien und Frankreich wiederhergestellt war.

Im Mai 1804 beschloß der Senat, entsprechendem Druck ausgesetzt, Napoleon Bonaparte die erbliche Kaiserwürde anzutragen. Eine neue Verfassung wurde entworfen, und eine Volksabstimmung bestätigte das, was man vom Volk erwartete. Frankreich lieferte man damit den Bonapartes aus, denn der kinderlose Kaiser konnte nun nach eigenem Gutdünken adoptierte Kinder seiner Geschwister zu Erben einsetzen.

Warum Kaiser? Als aus Octavian einst Kaiser Augustus wurde, akzeptierten die Römer einen General, der den Bürgerkrieg beendet und Wohlstand versprochen hatte. Da der Alleinherrscher einen Titel brauchte, der eines Königs in Rom jedoch verhaßt war, bot sich der des Caesaren (Caesar = Kaiser) an. Auch in Frankreich, wo es nie einen Kaiser gegeben hatte, hätte der Titel König recht unliebsame Erinnerungen an die Zeit vor 1789 geweckt. Die Bezeichnung Kaiser ließ aber – neben der römischen Tradition, auf die man sich so gern berief – auch an Karl den Großen denken und sein europäisches Reich.

Natürlich durfte die Familie nicht darben. Alle Geschwister wurden mit Fürstentiteln versehen, Mutter Letizia hieß nun ganz offiziell »Madame Mère«, der alte Titel eines Marschalls von Frankreich ging an sechzehn Generale der einstigen Revolutionsarmee, und der Kaiser erwählte sich das Merowinger-Symbol der Biene zum neuen Emblem seiner Würde anstelle der Lilie der Bourbonen. Selbstverständlich geschah dies alles unter dem Segen der Kirche, deren Katechismus den Gläubigen einprägte: »Dem Kaiser dienen, heißt Gott selber dienen.« Zur Krönungszeremonie mußte eigens der Papst nach Paris kommen, denn auch Karl der Große war ja vom Papst gekrönt worden.

Dieser Festakt am 2. Dezember 1804 in Notre-Dame zu Paris hinterließ einen eher peinlichen denn erhebenden Eindruck. Zunächst: Auf welche Tradition sollte man zurückgreifen? Der Maler Jean-Baptiste Isabey entwarf die Kostüme, ein Zeremoniell wurde entwickelt und mit allen Beteiligten fleißig einstudiert. Der italienische Komponist Giovanni Paisiello bekam den Auftrag, eine Krönungsmesse zu schreiben. Seinen Lieblingskomponisten Paisiello hatte der Erste Konsul eigens nach Paris kommen lassen; unstreitig ein bedeutender Opernkomponist, aber das geistliche Fach lag ihm weniger, und so fiel auch seine Messe künstlerisch bescheiden aus. Den Einzugsmarsch, den die Kapellen der Garderegimenter schmetterten, verfertigte ein minderes Talent namens Jean François Le Sueur. Unter dessen Getöse zogen Napoleon und Joséphine samt großem Gefolge in die Kathedrale ein. »Joseph, wenn uns jetzt nur unser Vater sehen könnte!« flüsterte Napoleon dem älteren Bruder dabei zu. Die Schwestern Bonaparte hatten die Aufgabe, Joséphines schwere und endlos lange Schleppe zu tragen. Aus Bosheit ließen sie einmal die Herrlichkeit fallen, so daß die Kaiserin beinahe gestürzt wäre; ein wütender Blick des Bruders brachte die schadenfrohen Damen zur Vernunft. Vor dem Altar nahm Napoleon wie zufällig die Krone aus der Hand des Papstes, als der ihn krönen wollte, und natürlich war das vorher abgesprochen. Denn nur sich selber wollte der neue Frankenkaiser den goldenen Reif verdanken. Anschließend krönte er die vor ihm kniende Joséphine, mit der ihn der Papst am Abend zuvor heimlich getraut hatte, denn die republikanisch geschlossene Ehe ermangelte des kirchlichen Segens, auf dem der Papst aber bestand.

Madame Mère war dem imperialen Spektakel ferngeblieben. Ihr so geliebter »Nabulione« hatte sich mit seinem Bruder Lucien überworfen, weil der eine Heirat eingegangen war, die das Familienoberhaupt nicht billigte; angeblich sagte man der Frau Luciens eine bewegte Vergangenheit nach, wobei Napoleon die womöglich weit suspektere seiner eigenen Ehefrau vergessen haben mußte. Als dann Jacques-Louis David, der neue Hofmaler, die Krönungszeremonie darzustellen hatte, mußte er auch Madame Mère unter den Ehrengästen plazieren; die Nachwelt brauchte vom Familienzwist nichts zu wissen.

Der Krieg mit England rückte nun auch die Armee wieder in den Vordergrund des Interesses, und dies um so mehr, als Napoleon die Invasion Englands plante, andererseits aber auch damit rechnen mußte, daß sich im Osten eine neue Festlandskoalition gegen ihn bilden könnte.

Verglichen mit dem französischen Heer des Siebenjährigen Krieges und der Revolution hatte sich Napoleons Armee nicht wesentlich verändert, und doch machten einige Faktoren sie ihren Gegnern von vornherein überlegen. Der französische Soldat war im Durchschnitt intelligenter und damit auch selbständiger als alle anderen europäischen Soldaten. Das Prinzip der Preußen und Russen, der einfache Musketier müsse den eigenen Offizier mehr fürchten als den Feind, war Napoleons Armee fremd. Das Offizierskorps entstammte überwiegend den gleichen Bevölkerungsschichten, die meisten Offiziere hatten während der Revolution »von der Pike auf« gedient. Die körperliche Züchtigung, damals in allen Armeen Europas selbstverständlich, war in Frankreich strengstens verboten. Napoleon sah darauf, das Ehrgefühl des einzelnen Soldaten zu stärken und ihm das Bewußtsein zu geben, ganz persönlich mitverantwortlich zu sein, nicht aber nur stumpfsinnig Befehle auszuführen.

Was Napoleons Armee so effizient machte, war die Fähigkeit, blitzschnell zu reagieren und auf Schnelligkeit zu bauen und zu vertrauen. Das Heer gliederte sich in Armeekorps von jeweils etwa fünfundzwanzig- bis dreißigtausend Soldaten, befehligt von einem Marschall. Jedes Korps war eine Armee in Miniatur, jeder dieser Verbände umfaßte alle Waffengattungen und Versorgungseinrichtungen. Während eines Feldzugs rückten diese Korps in einer Distanz von maximal vierundzwanzig Marschstunden vor, so daß sie rasch konzentriert werden oder einander zu Hilfe eilen konnten. Kein Armeekorps wurde schematisch gebildet; Größe und Zusammensetzung richteten sich nach den Fähigkeiten des Kommandeurs und der ihm zugedachten Aufgabe. Auch war ihre Flexibilität so groß, daß sie jederzeit während eines Feldzugs umgebildet, vergrößert oder verkleinert werden konnten.

Diese Beweglichkeit erlaubte es, den Gegner über Stärke und Absichten zu täuschen und ihn durch ständig neue Überraschungen zu verwirren. Um schnell genug zu sein, ließ man gelegentlich auch der Infanterie das Gepäck auf Wagen nachbringen; bei Eilmärschen wurde eine Tagesleistung von achtzig Kilometern erzielt. Kleinere Verbände leichter Kavallerie sorgten für die Aufklärung und die Kommunikation zwischen den Korps. Das Gros der Reiterei war in einer riesigen Reserve-Kavallerie zusammengefaßt, die genauso selbständig operierte und jederzeit Einheiten abgeben konnte. Ein besonderes Augenmerk hatte Napoleon auf die reitende Artillerie gerichtet, die imstande sein mußte, blitzschnell die Standorte auf dem Schlachtfeld zu wechseln und sofort einsatzbereit zu sein. Als Eingreifreserve unter dem persönlichen Befehl des Kaisers stand die Garde bereit, eine ausgesuchte, geradezu handverlesene Elite, die während der Regierungszeit Napoleons ständig vergrößert wurde und schon früh eine Armee in der Armee bildete.

Ein verzweigtes Netz von Versorgungs- und Lazaretteinheiten bewegte sich hinter der Front. Zwar bezogen die Truppen ihre Nahrungsmittel aus Feindesland, was die schwerfälligen Proviantkolonnen der außerfranzösischen Armeen überflüssig machte, aber sie bedurften natürlich des ständigen Nachschubs an Munition, Waffen, Uniformen und Schuhwerk. Hinzu kamen die Feldschmieden und Feldbäckereien; auch mußte für den raschen Abtransport der Verwundeten und deren Unterbringung gesorgt werden.

Das Lazarettsystem jener Zeit war – gemessen an seiner Aufgabe, nämlich der schnellen medizinischen Versorgung – katastrophal, aber das napoleonische galt dem der anderen Staaten immer noch überlegen. Das braununiformierte Sanitätskorps mit den gelben Transportwagen erwies sich stets als viel zu klein, auch mangelte es ständig an Ärzten. Chefchirurg des französischen Heeres war einer der bedeutendsten Ärzte seiner

Epoche, Dominique Larrey, einer der ganz wenigen Menschen, die Napoleon uneingeschränkt bewunderte: »Larrey war der tugendhafteste Mensch, der mir je begegnet ist – er hat in mir die Idee des vollkommenen Menschen hinterlassen«, urteilte er auf St. Helena über den Generalinspekteur des Sanitätskorps, der die Armee auf all ihren Feldzügen – von Italien und Ägypten bis nach Waterloo – begleitet hat.

Die populäre Meinung will wissen, Napoleon sei seiner Zeit weit voraus gewesen. Als Feldherr, als Chef der größten Armee seiner Zeit war er so rückständig wie kein anderer. So gut wie nichts hat er selber geschaffen, alle Einrichtungen des Heeres – auch das Prinzip der Gliederung in Armeekorps – hatten andere längst vor ihm erdacht. Die Bewaffnung stammte aus dem 18. Jahrhundert. Das praktischere Infanteriegewehr besaß Preußen, die am weitesten schießenden Haubitzen und die zielgenauesten Büchsen Rußland, die Raketenwaffe England. Vorschläge zur technischen Verbesserung – z. B. Zusammensetzung des Schießpulvers, Zündmechanismus – wurden von Napoleon rigoros abgelehnt. Die Umrüstung der Flotte auf Dampfschiffe, die technisch zumindest teilweise möglich gewesen wäre, erschien ihm absurd; die während der Revolution zur Feindbeobachtung eingerichteten Ballonkompanien löste er auf.

Wirklich neu war in seiner Kriegführung der Faktor Zeit. Wie niemand sonst spielte Napoleon die Karte Geschwindigkeit aus. Stets schneller zu sein als der Gegner, zu erscheinen, wenn man ihn noch weit entfernt glaubte, dort zu sein, wo niemand ihn vermutete, das war Napoleons Geheimnis. Hinzu kam die Fixierung der ganzen Armee auf seine Person und seine immense Ausstrahlung. Auch sein erfolgreicher Gegner Wellington räumte ein, daß die Anwesenheit Napoleons bei der kämpfenden Truppe soviel bedeutet hätte wie eine Verstärkung um vierzigtausend Mann. Seine Soldaten liebten ihn abgöttisch, die Aura der Unbesiegbarkeit hat ihn fast bis zu seiner letzten militärischen Niederlage begleitet.

Napoleon hat als erster begriffen, daß die psychologische Führung einer Armee genauso wichtig ist wie ihre militärische. Um seine Soldaten zu motivieren und zu stimulieren, verfügte er über zahlreiche Mittel: die Verleihung der begehrten bronzenen Adler auf der Spitze der Stange von Fahne oder Standarte (oder ihre Aberkennung als Strafe), die Erwähnung einer Einheit in den Bulletins, die Paraden, bei denen er einzelne Soldaten ansprach und auszeichnete, die von ihm persönlich vorgenommene Inspektion der Tornister und der Verpflegung. Bei entscheidenden Schlachten wurde den Soldaten befohlen, die Wichtigkeit des Tages durch das Anlegen der Paradeuniform (*grande tenue*) zu betonen. Regimenter konnten ausgezeichnet werden durch einen Marsch, der eigens für sie komponiert wurde und ihnen vorbehalten blieb. Der Kaiser teilte alle Gefahren, er stand im dichtesten Kugelregen und gab seinen Männern das Gefühl, einer von ihnen zu sein, ohne sich dabei den Anschein von Leutseligkeit zu geben, wenngleich er zuließ, daß ihn seine alten Brummbären (die »grognards«, wie er sie nannte) kameradschaftlich duzten. Der britische, der österreichische, der preußische und der russische Soldat wußte oft genug nicht, wofür er eigentlich kämpfte; der Franzose wußte es sehr wohl, denn die Ideen der Revolution waren lebendig geblieben, und Napoleon hatte seinen Soldaten die Bedeutung der *gloire* als einen Wert eigener Art eingepflanzt und das *pour l'Empereur.* So hieß eine kurze Fanfare, die beim Eintreffen Napoleons auf der Parade geblasen wurde. »Der Kaiser« – dieses Zauberwort elektrisierte Hunderttausende und spornte sie zu außergewöhnlichen Leistungen an. Als er am Vorabend der Schlacht von Jena seinen Pionieren befahl, den Landgrafenberg für das Heraufschaffen der Geschütze passierbar zu machen, stand er stundenlang in der Dunkelheit, hielt die Fackel und stärkte die schuftenden Männer mit einem Glas Schnaps. Das Katechismuswort »Dem Kaiser dienen, heißt Gott selber dienen« nahmen seine Soldaten ganz wörtlich, denn sie vergötterten ihn wahrlich.

Die Regimenter der Revolution waren zerlumpt und abgerissen gewesen; die Armee des Kaiserreichs trug die schönsten Uniformen der Welt. Sie entsprachen dem neuesten Stand der Haute Couture und waren an Eleganz nicht zu übertreffen. Die Uniformen der Offiziere, Generale und Marschälle kosteten ein kleines Vermögen, denn sie waren mit kunstvollen Stikkereien in Gold und Silber versehen; dazu die kostbaren Pelzjacken der Husaren, die eleganten Stulpenstiefel aus gelbem, rotem oder grünem Saffianleder, die Schabracken aus Tiger- oder Leopardenfell. Die Marschälle ließen sich für ihre jeweiligen Generalstäbe Phantasieuniformen entwerfen, und jeder Regimentschef besaß das Recht, die Musiker seiner Truppe nach eigenem Geschmack zu kleiden, denn sie bildeten beim Einmarsch oder bei Paraden die Spitze seines Regiments. Militärmusiker wurden hoch besoldet, da sie einen wichtigen Beitrag zur Stärkung der Moral leisteten und während einer Schlacht innerhalb der Karrees spielen mußten. Er selber, der Kaiser, erschien in bescheidener Aufmachung. Als Konsul trug er noch gelegentlich einen goldbestickten Frack aus rotem Samt, als Kaiser aber fast nie etwas anderes als die Uniform eines Obersten der Gardegrenadiere oder Gardejäger, dazu den breiten schwarzen Hut und einen hellgrauen Mantel (Redingote). Er liebte es, durch seine schlichte Uniform inmitten seines goldschimmernden Gefolges aufzufallen.

»Er ritt ein weißes Rößlein, und das ging so ruhig stolz, so sicher, so ausgezeichnet – wäre ich damals Kronprinz von Preußen gewesen, ich hätte dieses Rößlein beneidet. Nachlässig, fast hängend, saß der Kaiser, die eine Hand hielt hoch den Zaum, die andere klopfte gutmütig den Hals des Pferdchens«, erinnerte sich Heinrich Heine an Napoleons Einzug in Düsseldorf 1811. Hätte Heine die Dressur dieses »Rößleins« gekannt, wäre sie ihm schwerlich beneidenswert erschienen. Denn der Kaiser ritt erbärmlich (»nachlässig, fast hängend«, der vierzehnjährige Heine hat gut beobachtet) und fiel nur allzuleicht aus dem Sattel. Seine Pferde – mit Namen wie »Marengo« oder »Le Vizir« – mußten also überaus geduldig und ruhig sein, und Gutmütigkeit wurde weit eher von ihnen denn von ihrem Reiter verlangt. Vor allem aber durften sie nicht schreckhaft sein und leicht scheuen. Zu ihrer Ausbildung gehörte es, daß sie sich in simuliertem Schlachtenlärm vollzog; Pistolen und Flinten wurden unversehens neben ihnen abgefeuert und alles getan, ihnen wahrlich unerschütterliche Nerven anzuerziehen, so daß ihnen eine souveräne Gelassenheit zur zweiten Natur wurde. Wegen ihrer Zähigkeit und Gutmütigkeit bevorzugte Napoleon arabische Schimmelhengste von weißem oder grauem Fell. Daß ihn die hellen Pferde zur Zielscheibe feindlicher Scharfschützen und Kanoniere bestimmten, machte ihm nichts aus, da er letztlich von seiner Unverwundbarkeit überzeugt war; selbst der am 23. April 1809 bei Regensburg an der Ferse empfangene Streifschuß eines Tiroler Schützen konnte ihn nicht davon abbringen. »Fürchtet nichts! Die Kugel, die mich töten soll, ist noch nicht gegossen«, sprach er lesebuchreif am 18. Februar 1814 in der Schlacht von Montereau, als ihn seine Soldaten baten, sich nicht länger dem Beschuß des Gegners auszusetzen. Und so wie er selbst nie andere denn hellfarbige Pferde bestieg, bestimmte er, seine berittenen Gardegrenadiere dürften nur Rappen führen, ausgenommen natürlich die weithin sichtbaren Trompeter, für die Schimmel selbstverständlich waren.

Die zweihunderttausend Soldaten, die 1804/05 in und um Boulogne für die Invasion Englands zusammengezogen worden waren, warteten umsonst. Ohne die Überlegenheit zur See ließ sich das Unternehmen nicht verwirklichen; Frankreichs Flotte konnte sich mit der englischen nicht messen, ihr fehlte auch ein Admiral vom Schlage Horatio Nelsons. Napoleon blieb der Seekrieg, für den er ohnedies kein Verständnis aufbrachte, zeitlebens gleichgültig, weil er dessen weitreichende Bedeutung nicht begriff.

Im April 1805 hatte England eine Festlandskoalition zusammengebracht: Österreich, Rußland und Schweden zeigten sich bereit, Frankreich den Krieg zu erklären, den England finanzieren sollte. Das Kaisertum Napoleons, die Erschießung Enghiens, das enorme wirtschaftliche Erstarken Frankreichs und sein wachsender Einfluß in Süd- und Westdeutschland, wo man immer mehr die Anlehnung an Napoleon suchte: Grund genug für einen Angriffskrieg. Eine halbe Million Soldaten marschierte gegen Frankreich auf, dessen Rüstung weit schwächer war. In einer machtvollen Offensive wollte man über den Rhein vorstoßen und tief nach Frankreich eindringen, an dessen Niederlage niemand zweifelte; danach sollten die vorrevolutionären Zustände wieder hergestellt werden. Österreich eröffnete die Kampfhandlungen am 2. September 1805 mit einer Kriegserklärung an das mit Frankreich verbündete Bayern.

Napoleon, der Mitte August durch seinen Geheimdienst von den Absichten der Koalition erfahren hatte, ließ sofort seine Truppen von der Kanalküste an den Rhein werfen – die Garde wurde auf Wagen herantransportiert –, und sein Tempo überraschte die Österreicher völlig. Schon fünf Wochen später wurde eine ganze österreichische Armee durch Einkesselung zur Kapitulation gezwungen, drei Wochen danach fiel Wien, und am 2. Dezember 1805 errang der Kaiser seinen größten Sieg mit weit unterlegenen Kräften: die Zerschlagung der österreichisch-russischen Armee bei Austerlitz, der schon am 26. Dezember der Friedensschluß von Preßburg folgte.

Der brillante Sieg bei Austerlitz mußte zugleich für die Franzosen eine schwere Niederlage kaschieren: Am 21. Oktober 1805 vernichtete Horatio Nelson die verbündete französisch-spanische Flotte bei Trafalgar. Zwar fiel der britische Sieger der Kugel eines französischen Scharfschützen zum Opfer, aber diese Schlacht bedeutete das Ende jeglicher französischer Seeherrschaft. Napoleons Flotte hat diesen enormen Verlust nie wieder wettmachen können; von nun an herrschte Britannien wirklich über die Meere.

Zum erstenmal hatten in diesem Krieg bayerische, württembergische und badische Kontingente an der Seite der Franzosen gekämpft. Die Belohnung blieb nicht aus: Bayerns und Württembergs Kurfürsten wurden zu Königen ernannt, Badens Markgraf zum Großherzog; alle drei Staaten bekamen bedeutende Gebietserweiterungen zugesprochen, die es ihnen überhaupt erst ermöglichten, sich zu modernen Staaten mit Verwaltungssystemen nach französischem Muster zu entwickeln. Napoleons Stief- und Adoptivsohn Eugène de Beauharnais wurde mit der Prinzessin Auguste von Bayern verheiratet, Joséphines Nichte Stéphanie mit dem badischen Thronfolger, Jérôme, der jüngste Bruder des Kaisers, etwas später mit der Prinzessin Katharina von Württemberg. Napoleon begann nun zielstrebig, einen Kranz deutscher Satellitenstaaten vor Frankreichs Ostgrenze anzulegen. Ihrer Bevölkerung kamen zumeist die Segnungen des *Code Napoléon* zugute, aber dafür hatten sie auch in allen künftigen Kriegen für Frankreich Menschen und Material im Überfluß zu stellen.

Das neue Bündnis – genannt Rheinbund – entstand im Juli 1806 und bedeutete das Ausscheiden deutscher Fürsten aus dem alten Reichsverband. Damit hatte das Heilige Römische Reich Deutscher Nation aufgehört zu existieren, und Kaiser Franz II. legte in Wien die Kaiserkrone nieder und blieb fortan nur noch Kaiser Franz I. von Österreich. Nach und nach ordnete Napoleon die Landkarte Europas nach seinem Willen: Joseph wurde König von Neapel, Louis König von Holland (er wurde mit Hortense, der Tochter von Joséphine de Beauharnais, verheiratet), Joachim Murat, Ehemann von Napoleons Schwester Caroline, wurde Großherzog von Berg, der Stiefsohn Eugène de Beauharnais Vizekönig von Italien (König war Napoleon selbst), und 1807 bekam Jérôme, das Nesthäkchen der Bonapartes, das eigens für ihn geschaffene Königreich Westfalen zugesprochen.

Während Napoleon die österreichisch-russische Koalition zerschmetterte und anschließend mit der Neugestaltung Europas nach eigenem Gutdünken verfuhr, stand Preußen fassungslos abseits. Sein braver, geistig völlig unbedarfter König Friedrich Wilhelm III. bot das Bild monströser Dummheit. Nachdem französische Truppen im Herbst 1805 ungefragt und unerlaubt durch preußisches Gebiet marschiert waren, hatte der König seine Armee mobilisiert, sich aber dann doch nicht getraut, anzugreifen. Rasche und energische Entscheidungen lagen ihm nicht. Nach einer Niederlage Frankreichs würde man weitersehen. Napoleon vergaß das nicht. Nach Austerlitz diktierte er Preußen Bedingungen wie einem besiegten Gegner, spendierte ihm aber dafür großzügig das Kurfürstentum Hannover, das die Franzosen zwar besetzt hielten, das aber immer noch das rechtmäßige Eigentum Großbritanniens war. Der eingeschüchterte Preußenkönig hatte die Stirn, jetzt zu erklären, er werde Hannover »in Verwahrung nehmen«, womit er sich augenblicklich England zum Feind machte.

Die jämmerliche Kriecherei ihrer Fürsten empörte viele Deutsche, und was die Intelligenten unter ihnen dachten, enthüllte ein kleines, aber hochbrisantes Pamphlet: *Deutschland in seiner tiefen Erniedrigung*. Vertrieben wurde die Flugschrift vor allem von der Palmschen Buchhandlung in Nürnberg, der sie anonym und unverlangt zugesandt worden war. Nachdem devot-beflissene Bayern den Fall bei den französischen Militärbehörden denunziert hatten, wurde der unschuldige Buchhändler Palm auf persönlichen Befehl Napoleons erschossen. In den meisten Fällen ließen sich politische Pamphlete großzügig übersehen, die Franzosen hatten anderes zu tun, und die üblichen Schmähschriften interessierten sie nicht. Hier aber lag eine Broschüre vor, die durch ihre gescheite Analyse der politischen Situation hochgefährlich war. Napoleon sah sich durchschaut.

Die gnadenlose Exekution des harmlosen Buchhändlers löste in ganz Deutschland Entsetzen und Empörung aus. Beifall kam einzig aus Weimar. Er, so versicherte Goethe, hätte ebenfalls »einem Schreier wie Palm« eine Kugel vor den Kopf schießen lassen.

Da ihm sehr an einem Frieden mit England lag, ließ Napoleon Hannover, das er gerade Preußen geschenkt hatte, in Geheimverhandlungen in London anbieten. Das britische Kabinett informierte schadenfroh Preußen. Entrüstet, so als eine Quantité négligeable behandelt zu werden, drängte es jetzt Preußen zum Krieg: Es stellte Napoleon ein geradezu größenwahnsinniges Ultimatum. Der wollte es zuerst nicht glauben, zumal ihm an einem Krieg mit Preußen überhaupt nichts lag, das sich selbst durch ein kurz zuvor mit Rußland geschlossenes Bündnis sicher wähnte. Rußlands Armee war aber noch gar nicht einsatzbereit und buchstäblich weit vom Schuß. Doch statt das Eintreffen russischer Divisionen abzuwarten, griff Preußen an und erlitt eine beispiellose Niederlage in der Doppelschlacht von Jena und Auerstedt am 14. Oktober 1806. Nach der Schlacht von Austerlitz hatte ein Waffenstillstand den Kämpfen ein Ende gesetzt, aber jetzt wollte Napoleon vor aller Welt die Fähigkeit seiner Armee demonstrieren: Er befahl eine ebenso pausenlose wie gnadenlose Verfolgung des Gegners, die sich über Wochen hinzog. So etwas hatte die Kriegsgeschichte noch nie erlebt. Dem arroganten Preußen widerfuhr eine beispiellose Demütigung, zur unverhohlenen Freude seiner deutschen Nachbarstaaten übrigens; in Hamburg sang man auf der Straße Spottlieder. Napoleon zog als Sieger in Berlin ein und verharrte in stummer Andacht in Potsdam am Grabe des von ihm verehrten Königs Friedrich II. Er stünde nicht hier, hätte der noch gelebt, ließ er mit sicherem Instinkt als goldenes Wort verbreiten, und der preußischen Bevölkerung gefiel das gut. Dann verkündete er von Berlin aus die Kontinentalsperre gegen England, also eine Wirtschaftsblockade, wie sie England in der Praxis schon längst gegen Frankreich und seine Verbündeten betrieb, die aber erst jetzt Auswirkungen auf die Wirtschaft zu zeigen begann, nachdem der Boykott beiderseitig praktiziert wurde.

In Ostpreußen traf Napoleon auf die Russen, die er in mehreren mörderischen, auch für ihn selbst verlustreichen Schlachten zurückwarf, so daß Zar Alexander I. schon bald um Frieden bitten mußte, sollte der Krieg nicht in sein eigenes Land getragen werden.

Noch ehe es zum Waffenstillstand kam, erreichten Napoleon unangenehme Nachrichten. In Hessen war ein Aufstand gegen die Franzosen ausgebrochen, der möglicherweise Signalwirkung haben konnte. Bei einem Erfolg hätte das bedeutet, daß die französische Armee in Polen und Ostpreußen von ihrem Nachschub abgeschnitten worden wäre, der Aufstand Kräfte gebunden hätte wie jene preußischen Festungen in Schlesien, die zu erobern den bayerischen und württembergischen Verbündeten immer noch nicht gelungen war. Die Nachricht von einem erfolgreichen Aufstand hinter den französischen Linien hätte eine ganz unabsehbare moralische Wirkung auf die noch kämpfenden Preußen und Russen gehabt und sie vielleicht zum Durchhalten veranlaßt.

Napoleon war und blieb ganz ein Mensch des Ancien régime: Krieg führten einzig reguläre Soldaten, nicht Zivilisten. Von dieser Ansicht hatte ihn auch die Revolution nicht abgebracht. Daß ins Zivilleben entlassene hessische Soldaten und Bürger es wagten, auf eigene Faust gegen französisches Militär zu kämpfen, erschien dem Kaiser geradezu als Frevel. In heller Wut befahl er, den Aufstand gnadenlos niederzuschlagen. Mindestens dreißig Rädelsführer sollten erschossen, die Städte Eschwege und Hersfeld völlig niedergebrannt werden. Es spricht für Napoleons engste Umgebung, daß sie seine jähzornigen Befehle entweder überhaupt nicht weitergab oder milderte. Und es spricht für die Menschlichkeit der in Hessen kommandierenden

Generale Lagrange und Barbot, daß sie es ablehnten, sich zu Henkern machen zu lassen; sie ignorierten die Befehle, ohne es an energischem Durchgreifen fehlen zu lassen. Nach wenigen Wochen war der Aufstand beendet. Wie damals gehandelt wurde, erzählt die rührende Kalendergeschichte von Johann Peter Hebel *Der Kommandant und die Jäger in Hersfeld,* die sich tatsächlich so begeben hat. Der badische Major von Lingg hat in jenen Tagen die ihm aufgetragene Zerstörung Hersfelds geschickt umgangen (zweifellos gedeckt von seinen französischen Vorgesetzten); Nachteile sind ihm dadurch nicht erwachsen. Napoleon, nicht rachsüchtig, konnte in solchen Fällen durchaus großzügig sein, war nur die erste Wut verraucht. Er wird zwar von Hebels anrührender Geschichte nie erfahren haben, aber sie war ganz in seinem Sinne, und seinen Diplomaten und Militärgouverneuren in Deutschland erschien sie als willkommene Propaganda.

Massenpsychologie war Napoleon nicht fremd. Er hatte begriffen (vergaß es allerdings gelegentlich), daß öffentlich demonstrierte Milde häufig weit wirksamer ist als brutale Härte. Einen seiner schärfsten Gegner, den in Berlin lebenden Schweizer Historiker Johannes von Müller, der nach dem Einmarsch der Franzosen um sein Leben fürchtete, lud er zu einem vertraulichen Gespräch ein, als wäre ihm Müllers offen bekundeter Haß unbekannt. Nach diesem Gespräch verkündete ein gänzlich verwandelter Historiker nur noch Napoleons Ruhm und Ehre mit einem solchen Enthusiasmus, daß er von nun an von seinen Freunden als Verräter gemieden wurde. Auch die spektakuläre Begnadigung des Fürsten Hatzfeld im November 1806 in Berlin ließ Napoleon zu einer Propaganda-Inszenierung ersten Ranges ausrichten und bildlich darstellen. Der großherzige Kaiser, der einem Spion vergibt, weil dessen hochschwangere Frau, vor Napoleon kniend, um sein Leben bittet: Das greift ans Herz und zeigt uns die tiefe Menschlichkeit des großen Mannes, der mit sicherem Blick erkannte, welch unvergleichliche Propaganda hier zu gewinnen war. Aber wir wollen nicht spotten. Nach allem, was wir im 20. Jahrhundert erlebt haben, sollten wir uns über Napoleons Gnadenerweise freuen, denn sie offenbaren immerhin noch menschliches Maß und eine – wie immer auch berechnete – Milde, die späteren Diktatoren gänzlich abhanden gekommen ist.

Nach dem Frieden von Tilsit, unterzeichnet am 12. Juli 1807, befand sich Napoleon auf dem Zenit seiner Macht. Die Kriege von 1805 und 1806/07 waren trotz der beachtlichen Siege in Frankreich nicht populär, die Verschiebung der Grenzen weit hinaus nach Osten erschien den Franzosen unheimlich, dazu befand sich die Wirtschaft des Kaiserreichs in üblem Zustand, wozu ganz besonders die Kontinentalsperre das ihrige beitrug. Daß der Kurfürst von Sachsen sich nun König nennen durfte und einer der treuesten Vasallen Napoleons geworden war und der jüngste Bonaparte, Jérôme, zum König von Westfalen aufstieg, interessierte die Franzosen so wenig wie die Aufteilung Europas in eine französische und in eine russische Interessensphäre.

Napoleon hat es nie verstanden, vernünftige Friedensverträge zu schließen; vernünftig heißt, daß sie nicht schon von vornherein den Keim des Revanchekrieges in sich bargen. Im Frieden von Preßburg 1805 bestrafte er Österreich mit einem enormen Gebietsverlust. Und genau das wiederholte er im Juli 1807 mit Preußen, dem er auch noch eine gigantische, jedes Maß überschreitende Reparationszahlung auferlegte. Gewiß, nicht er, sondern Österreich und Preußen hatten – im Verein mit England und Rußland – die Kriege grundlos gegen ihn angezettelt, die er beide nicht gewollt hatte. Aber kein Frieden ist dauerhaft, der nur auf die Demütigung des Besiegten abzielt.

Die heimkehrende Grande Armée wurde in Paris mit unbeschreiblichem Jubel empfangen. Wohl, der Krieg mit England ging weiter, aber davon spürte die Bevölkerung im allgemeinen wenig, doch auf dem europäischen Festland schwiegen die Waffen, und die immensen Ausgaben für das Militärbudget konnten durch die eingehenden Reparationszahlungen finanziert werden. Dennoch stand es mit der Wirtschaft Frankreichs nicht gut.

Das Land war ausgerechnet zu jener Zeit, als der Kaiser Feldherr sein mußte, nämlich von 1805 bis zum Frühjahr 1807, von einer schweren Finanzkrise heimgesucht worden, mit Rezession, Konkursen und Arbeitslosigkeit im Gefolge. Die Hafenstädte litten unter der britischen Seeblockade, auch wenn es einzelnen Schiffen immer wieder gelang, sicher auszulaufen und sicher heimzukehren. Andererseits öffnete sich Frankreich gewaltsam den kontinentalen Markt in den besetzten oder von ihm abhängigen deutschen Gebieten, in denen die britische Konkurrenz ausgeschaltet worden war. Die Umrüstung der meisten Armeen des Rheinbunds auf französische Uniform und Bewaffnung schuf der ohnehin schon florierenden französischen Rüstungsindustrie (ihre Arbeiter blieben vom Wehrdienst befreit) einen ganz neuen Absatzmarkt. Wirklich solide war – dank guter Ernten – die französische Landwirtschaft, die allerdings immer noch nicht so wuchs, wie sich das Napoleon gewünscht hatte. Gute Geschäfte wurden mit dem Wein gemacht; der Export nach England stieg von 1805 bis 1809 auf das Sechsfache, was trotz wechselseitiger Wirtschaftsblockade dadurch ermöglicht wurde, daß beide Staaten ein heimliches Lizenzgeschäft untereinander betrieben; für französische Agrarprodukte und Wein lieferte England Kolonialwaren, vor allem Kaffee und Rohrzucker, weswegen Napoleon geradezu leidenschaftlich die Verbesserung der Rübenzuckerherstellung betrieb, die immer noch zu sehr in den Anfängen steckte, um das Land vom teuren Rohrzucker unabhängig zu machen.

Alles in allem konnte der Kaiser zufrieden sein. Auf dem Kontinent gab es keine militärische Bedrohung mehr, die Wirtschaft florierte wieder mehr denn je, nachdem die Finanzkrise überwunden worden war. Von den Pyrenäen bis zur Memel, von der dänischen Grenze (Dänemark war Frankreichs Alliierter geworden) bis nach Neapel standen entweder französische Truppen oder existierten Satelliten, die strikt eine Politik im Sinne Napoleons verfolgten.

Blieb nur das höchst unsichere Spanien, Napoleons Verbündeter. Das hatte nicht nur 1806 Miene gemacht, im Falle einer militärischen Niederlage Frankreichs in Deutschland sofort die Front zu wechseln, sondern hielt es auch recht lax mit der Handelsblockade gegen England, einfach darum, weil das wirtschaftlich völlig ruinierte Spanien auf den Handel mit England nicht verzichten konnte. Die Methode, mit der Napoleon das Bündnis nutzte, um die französischen Truppen in Spanien planmäßig in Okkupanten zu verwandeln und das spanische Herrscherhaus abzusetzen, kann man schwerlich anders denn schäbig nennen; seinen Bruder Joseph, der gerade erst König von Neapel geworden war, nun flugs auf den spanischen Königsthron zu kommandieren, erwies sich als schwerer politischer Fehler. Und womit der Kaiser ganz und gar nicht gerechnet hatte: Spanien erhob sich gegen ihn in wütendem Widerstand.

Als ein Mensch des 18. Jahrhunderts begriff Napoleon weder nationale Gefühle noch den Partisanenkrieg. Er hatte Spanien – nach der Regierungsübernahme durch Joseph – die liberalste Verfassung gegeben, die dieses Land je gesehen hatte. Mit ihr wurde unter anderem die Inquisition wie überhaupt die Allmacht der Kirche abgeschafft. Dafür erntete er aber keinen Dank, sondern er sah sich einem Volkszorn konfrontiert, der sich dumpf und anarchisch artikulierte und sich mit einer fanatischen Grausamkeit an der französischen Besatzung rächte, die ärger war als alles, was die Türken verübt hatten. Der Krieg in Spanien, der mit dem Volksaufstand am 2. Mai 1808 in Madrid begann, wurde mit beispiellosen Metzeleien von beiden Seiten geführt. Napoleon, der zunächst dem Ganzen den Charakter einer kurzfristigen Polizeiaktion beigemessen hatte, mußte schon bald immer mehr Truppen nach Spanien verlegen. Schließlich übernahm er persönlich das Oberkommando, nachdem britische Truppen gelandet waren, die von nun an höchst aktiv die spanischen Partisanen unterstützten; zuvor war die spanische Berufsarmee von der weit überlegenen französischen nahezu aufgerieben worden.

Ehe er sich selbst nach Spanien begab, veranstaltete Napoleon Anfang Oktober 1808 noch einen splendiden Fürstenkongreß in Erfurt, ein grandioses Propagandaspektakel, das viel kostete und politisch nichts einbrachte. Im Gegenteil: In Erfurt bestärkte Talleyrand, Frankreichs Außenminister, den russischen Zaren heimlich zum Widerstand gegen Napoleon, welchen Rat dieser denn auch prompt an Ort und Stelle befolgte. Am Rande des Kongresses gab es auf Napoleons Wunsch Gespräche mit Goethe und Wieland, denen beiden das Kreuz der Ehrenlegion verliehen wurde. Goethe hat diese Auszeichnung, seinen ersten Orden, bis an sein Lebensende voller Stolz getragen.

»Mein Kaiser« nannte er zum Ärger seiner Landsleute den Mann, den er uneingeschränkt für das »Kompendium der Welt« hielt.

Napoleons militärisches Engagement in Spanien blieb kurz, denn sein Geheimdienst meldete ihm schon im Januar 1809 die Kriegsvorbereitungen der Österreicher, worauf er nach Paris eilte. Im April fiel Österreich ohne Kriegserklärung in Bayern ein, während zur gleichen Zeit Dörnberg in Hessen und Schill in Preußen auf eigene Faust Aufstände gegen die französische Besatzung zu entfachen suchten, die aber sehr schnell scheiterten, weil ihnen die Bevölkerung jegliche Unterstützung versagte. Niedergeschlagen wurden auch die Aufstände der Tiroler unter Andreas Hofer gegen ihre bayerischen Okkupanten. In Wien starb der achtzehnjährige Friedrich Staps aus Naumburg, der Napoleon bei einer Parade in Schönbrunn hatte erstechen wollen, unter den Kugeln eines württembergischen Exekutionskommandos. Ehe der junge Mann vor ein Militärgericht gestellt wurde, das ihn zum Tode verurteilte, unterhielt sich Napoleon mit seinem Attentäter. Ihm gefiel dieser Achtzehnjährige, den er für geistig verwirrt hielt, er wollte seinen Tod nicht und bot ihm die Freilassung an. Vergebens. Staps erklärte, dann würde er gewiß beim nächsten Versuch erfolgreich sein.

Der Fall wurde vertuscht, aber Napoleon ging er so nahe, daß er auf der Rückreise von Wien nach Paris befahl, man möge ihm über die letzten Augenblicke des jungen Mannes berichten. Das versuchte Attentat und die wachsenden Aufstände machten ihn nachdenklich, aber nicht lange. Der Mann, der in wenigen Monaten Österreich niedergeworfen hatte, hielt sich für unbesiegbar. Daß die Schlacht von Aspern nicht zu einer katastrophalen Niederlage für ihn geworden war, verdankte er nicht seinem Ingenium, sondern der Unfähigkeit der Österreicher, den fast schon errungenen Sieg auszunutzen. Napoleon, den dieser Feldzug zwei seiner besten Heerführer kostete – Marschall Lannes und Kavalleriegeneral Lasalle –, begriff nicht, daß der Sieg seiner Truppen bei Wagram ungewöhnlich verlustreich ausgefallen war, weil die andere Seite seine Schlachtenführung inzwischen durchschaute und konterkarierte. Der Sieg bei Wagram kostete die Franzosen zweiunddreißigtausend Tote und Verwundete, die Österreicher verloren vierzigtausend. Die Zeit der Blitzkriege war für Napoleon vorbei, nur hatte er es selber noch nicht gemerkt. Hätten ihn nicht Glück und Macht dermaßen verblendet, hätte er die Zeichen an der Wand verstehen müssen. Aber er war nur noch empfänglich für den Glanz seines eigenen Ruhms, dem niemand mehr gefährlich werden konnte.

Daß der Zenit seiner Macht schon hinter ihm lag, konnte er nicht wissen. Er ging jetzt daran, seine eigene Dynastie zu gründen. Die Ehe mit Joséphine war kinderlos geblieben. Daß er selbst zeugungsfähig war, hatten ihm zwei seiner erotischen Eskapaden bestätigt. Die Heirat mit einer russischen Prinzessin scheiterte am Widerstand des Zarenhauses. So fiel die Wahl auf die blutjunge Marie Louise, die Tochter des österreichischen Kaisers. Allen Ernstes hat Napoleon geglaubt, diese Ehe könnte zu einer tiefen Bindung zwischen Frankreich und Österreich führen, aber er begriff nicht, daß ihm das Mädchen geopfert wurde, um günstige Friedensbedingungen zu bekommen, unter deren Schutz der nächste – endlich erfolgreiche – Revanchekrieg vorbereitet werden konnte.

Diese Ehe mit einer Habsburgerin machte in Frankreich böses Blut, denn die Erinnerungen an die verhaßte Österreicherin Marie Antoinette waren noch recht lebendig. Zudem hatte sich die nach Malmaison abgeschobene Joséphine stets großer Beliebtheit erfreut. Wenn er sich schon wegen eines Thronfolgers scheiden ließ, warum heiratete der Kaiser dann nicht eine französische Bürgerstochter, fragten sich viele Franzosen. Aber Napoleon wünschte sich nichts sehnlicher als die Aufnahme in eine europäische Fürstenhierarchie, die ihn verabscheute und niemals als einen der Ihren betrachtete. Gewiß, jetzt kuschten sie noch vor ihm, aber es würde der Tag kommen, dessen waren sie sicher, da auch dieser Koloß stürzen müßte. Der verlustreiche Krieg in Spanien offenbarte die ersten Risse im Gebäude des Kaiserreichs. In nur einem Jahrzehnt hatte sich das Bild Napoleons gewandelt: Damals verbanden sich mit seinem Namen Bewunderung und Hoffnung. Jetzt aber wuchs in ganz Europa der Wunsch, den scheinbar Unüberwindlichen überwunden zu sehen. Das Bedrükkende war jedoch: Niemand konnte es sich zu diesem Zeitpunkt überhaupt vorstellen.

39

39 Kaiserkrönung Napoleons in Notre-Dame zu Paris am 2. Dezember 1804. Gemälde von Jacques-Louis David (1808). Paris, Louvre. Dargestellt ist der Augenblick, in dem Napoleon, nachdem er sich selbst gekrönt hat, die Krone der vor ihm knienden Kaiserin Joséphine aufsetzt. Papst Pius VII., vor dem Altar sitzend, war eigens zu dieser Zeremonie nach Paris beordert worden, diente aber nur als festliche Staffage. In der Loge erblickt man »Madam Mère«, die Mutter des Kaisers, die wegen eines Familienzwists aus Protest ferngeblieben war, vom Maler aber auf Anweisung Napoleons als anwesend hinzugefügt werden mußte. Die Kostüme des Zeremoniells hatte David entworfen, ein bombastisches Stilgemisch aus Elementen der römischen Antike und der Mode zur Zeit von Henri Quatre.

40

41

40 Das Schloß von Austerlitz (heute Slavkov/ČSSR). Hier wurde am 3. Dezember 1805, dem Tag nach der Schlacht, der Waffenstillstand zwischen Frankreich und Österreich unterzeichnet.
41 Altes Steinkreuz auf dem Schlachtfeld von Austerlitz. Russen und Österreicher verloren hier 27 000 Tote und Verwundete und 11 386 Gefangene, die Franzosen zählten 1305 Tote, 6940 Verwundete und 537 Gefangene. **42** Begegnung Napoleons mit dem Reichsfreiherrn Karl Theodor von Dahlberg, dem Fürstprimas des Rheinbunds, am 2. Oktober 1806 in Aschaffenburg. Gemälde von Florent Fidèle Constant Bourgeois und Jean Baptiste Debret, ausgestellt im Salon von 1812. Versailles, Musée de l'Histoire de France

42

43

44

45

Der Sieg über Preußen 1806
43 Napoleon überquert an der Spitze seines Stabes den Rhein bei Mainz am 30. September 1806. Lavierte Federzeichnung von Benjamin Zix
44 Die Besetzung Weimars am 14. Oktober 1806. Lavierte Federzeichnung von Benjamin Zix
45 Angriff auf das Burgtor in Lübeck am 7. November 1806. Lavierte Federzeichnung von Benjamin Zix
46 Abendliches Biwak auf dem Schlachtfeld von Jena. Die französischen Soldaten verbrennen die eingesammelten zerstörten Gewehre. Lavierte Federzeichnung von Benjamin Zix **47** Einzug Napoleons am 27. Oktober 1806 in Berlin. Gemälde von Charles Meynier, ausgestellt im Salon von 1810. Alle: Versailles, Musée de l'Histoire de France

48

Die großen Gesten des Siegers
48 Am 25. Oktober 1806 besucht Napoleon in der Potsdamer Garnisonskirche das Grab des von ihm bewunderten Friedrich II. von Preußen. Gemälde von Marie-Nicolas Ponce-Camus, ausgestellt im Salon von 1808. Versailles, Musée de l'Histoire de France
49 Der Verrat militärischer Geheimnisse durch den Fürsten Hatzfeld in Berlin bietet Anlaß, sich vor aller Welt als großmütig zu erweisen: Napoleon gibt der Fürstin den Wink, den belastenden Brief ihres Mannes zu verbrennen. Zeichnung von Louis Lafitte. Paris, Bibliothèque Nationale
50 Napoleon im Gespräch mit Christoph Martin Wieland am 6. Oktober 1808 in Weimar: »In meinem Leben habe ich keinen einfachern, ruhigern, sanftern und anspruchslosern Menschensohn gesehen. Keine Spur, daß der Mann, der mit mir sprach, ein großer Monarch zu sein sich bewußt war. Er unterhielt sich mit mir wie ein alter Bekannter mit seinesgleichen, und (was noch keinem andern meinesgleichen widerfahren war) an anderthalb Stunden lang in einem fort und ganz allein, zu großem Erstaunen aller Anwesenden«, berichtete der Dichter einige Tage später in einem Brief. Aquatinta-Radierung von Johann Baptist Hößel
51 Parade der Kaisergarde im Berliner Lustgarten, 1806. Zeichnung von Ludwig Wolf

49

50

51

A

53

54

52

52 Begegnung Napoleons mit dem Zaren Alexander von Rußland am 25. Juni 1807 auf einem Floß inmitten der Memel bei Tilsit. Gemälde von Adolphe Roehn, ausgestellt im Salon von 1808. Versailles, Musée de l'Histoire de France
53 Napoleon empfängt den Zaren Alexander von Rußland, die Königin Luise und König Friedrich Wilhelm III. von Preußen am 6. Juli 1807 in Tilsit. Gemälde von Nicolas-Louis-François Gosse. Versailles, Musée de l'Histoire de France
54 Zar Alexander I. stellt Napoleon am 9. Juli 1807 in Tilsit Kalmüken, Kosaken und Baschkiren der russischen Armee vor. Gemälde von Pierre-Nolasque Bergeret, ausgestellt im Salon von 1810. Versailles, Musée de l'Histoire de France

55

Die meisten preußischen Festungen ergaben sich kopf- und kampflos, nur wenige leisteten Widerstand. **55** Am 16. Januar 1807 kapitulierte die Festung Brieg nach nur zweitägiger Beschießung: 1450 preußische Soldaten streckten die Waffen, 73 Kanonen fielen in die Hände des Gegners. Gemälde von Wilhelm von Kobell (1810). München, Residenzmuseum **56** Die Festung Danzig verteidigte sich zwei Monate lang, ehe auch sie kapitulieren mußte. Am 24. Mai 1807 trafen sich der französische Marschall Lefebvre und der preußische General Graf Kalkreuth in Danzig zu Übergabeverhandlungen. Lavierte Federzeichnung von Benjamin Zix. Versailles, Musée de l'Histoire de France

MISERERE
DOMINE
ET
DA VENIAM

58

Der Widerstand Spaniens gegen Napoleon weckte im
französisch-besetzten Europa Hoffnungen. Vor allem bewunderte
man die monatelange Verteidigung der Stadt Saragossa,
die erst am 8. Februar 1809 von den Franzosen erobert werden konnte.
57 Die Erstürmung des Klosters San Engracia in Saragossa.
Gemälde von Louis-François Lejeune, der als Offizier an den Kämpfen teilnahm und verwundet wurde; er hat sich selbst liegend und mit
einem Kopfverband dargestellt. Versailles, Musée de l'Histoire de France
58 Am 4. November 1808 rückte Napoleon persönlich
an der Spitze einer Armee in Spanien ein. Überquerung der Sierra
Guadarrama im Dezember 1808. Gemälde von
Nicolas-Antoine Taunay, ausgestellt im Salon von 1812.
Versailles, Musée de l'Histoire de France

59

60

61

62

63

64

65

In 82 Radierungen hat Francisco Goya zwischen 1810 und 1820 »Los Desastres de la Guerra« – die Schrecken des Krieges – festgehalten. Während in Mitteleuropa der Krieg noch weitgehend nach Regeln und mit Fairness geführt wurde –
65 Einzug der französischen Truppen in Wien am 13. November 1805.
Paris, Bibliothèque Nationale –, kämpfte in Spanien ein ganzes Volk gegen seine Unterdrücker, und diese »guerilla« (kleiner Krieg) wurde mit einer bislang noch nie erlebten Grausamkeit von beiden Seiten geführt, der erste Partisanenkrieg in der europäischen Geschichte.
59 »Sie ziehen ihren Nutzen daraus«: Nach einer Exekution ziehen Soldaten den Hingerichteten die Kleidung aus. **60** »Die Frauen machen Mut«: Der Fanatismus und die Grausamkeit der Frauen, die aktiv mitkämpften, war besonders typisch für den Spanienkrieg. **61** »Hier ebensowenig«: Warum dieser Gehenkte sterben mußte, weiß man ebensowenig wie bei allen anderen Metzeleien. Der Soldat wartet behaglich auf den letzten Atemzug des Opfers. **62** »Und es gibt keine Hilfe dagegen«: Französisches Militär erschießt spanische Bauern, die als Partisanen gefangengenommen wurden. **63** »Mit oder ohne Vernunft«: Französische Infanterie im Nahkampf mit spanischen Bauern.
64 »Pöbel«: Während einige einen Toten durch die Straßen schleifen, schlagen und stechen andere auf den Leichnam ein.

66

66 Die Schlacht von Wagram am 5. und 6. Juli 1809.
Gemälde von Jacques-François-Joseph Swebach. Brüssel, Musée de l'armée.
Dieser Sieg über die Österreicher kostete die Franzosen 32000,
die Österreicher 40000 Tote und Verwundete.

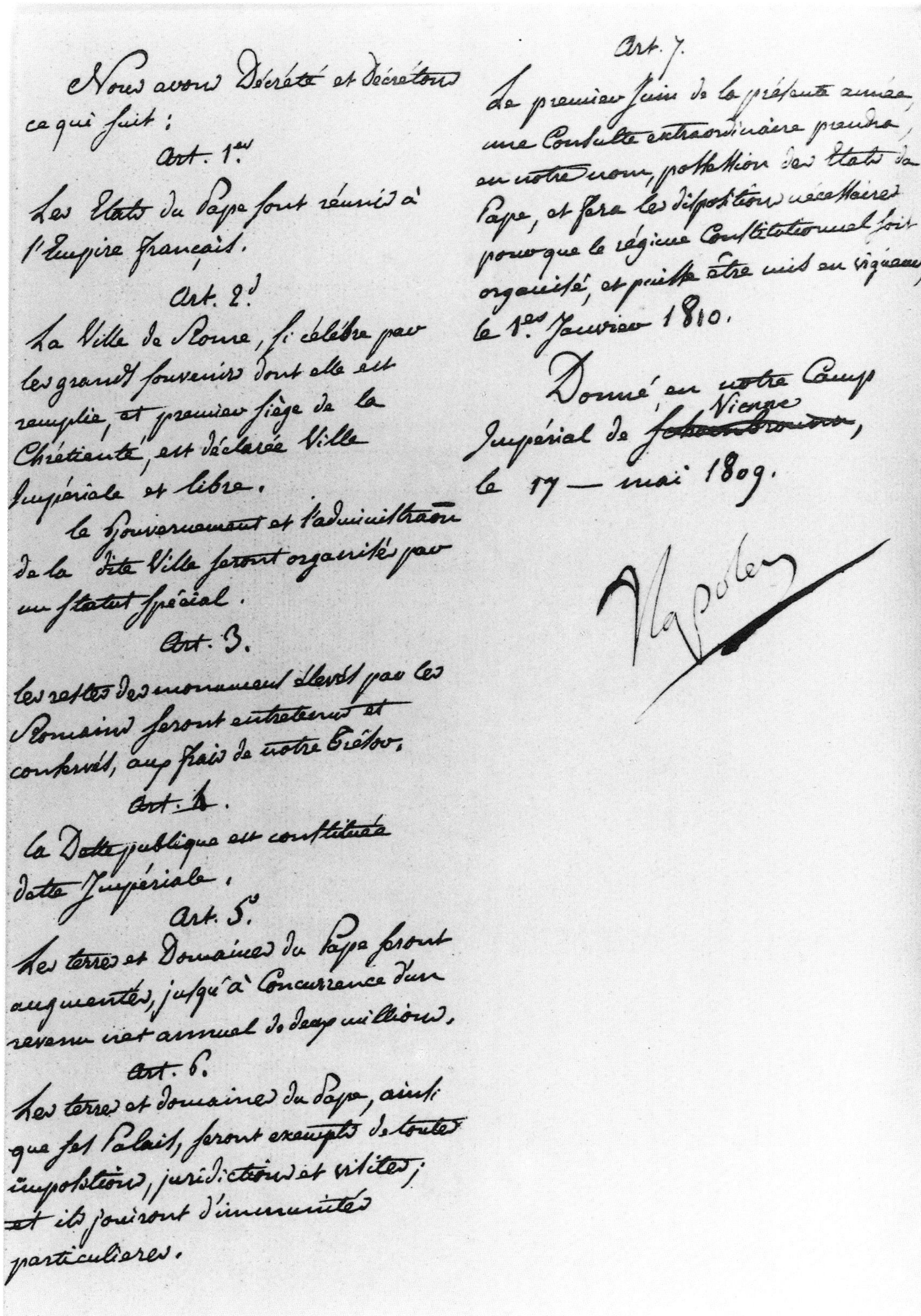

Nous avons Décrété et décrétons ce qui suit :

Art. 1er

Les Etats du Pape sont réunis à l'Empire français.

Art. 2d

La Ville de Rome, si célèbre par les grands souvenirs dont elle est remplie, et premier siège de la Chrétienté, est déclarée Ville Impériale et libre.

Le Gouvernement et l'administration de la dite Ville seront organisés par un statut spécial.

Art. 3.

Les restes des monuments élevés par les Romains seront entretenus et conservés aux frais de notre Trésor.

Art. 4.

La Dette publique est constituée dette Impériale.

Art. 5.

Les terres et Domaines du Pape seront augmentés, jusqu'à Concurrence d'un revenu net annuel de deux millions.

Art. 6.

Les terres et domaines du Pape, ainsi que ses Palais, seront exempts de toutes impositions, juridiction et visites; et ils jouiront d'immunités particulières.

Art. 7.

Le premier Juin de la présente année, une Consulte extraordinaire prendra, en notre nom, possession des Etats du Pape, et fera les dispositions nécessaires pour que le régime Constitutionnel soit organisé, et puisse être mis en vigueur, le 1er Janvier 1810.

Donné en notre Camp Impérial de ~~Schoenbrunn~~ Vienne, le 17 — mai 1809.

Napoléon

67

68

69

70

67 Um auch in Italien die Wirtschaftsblockade gegen England kontrollieren zu können, hatte Napoleon im April 1808 in die Besitzungen des Papstes (Kirchenstaat) Militär einrücken lassen und eine eigene Verwaltung dort eingesetzt. Als der Papst dagegen protestierte und den Bischöfen des Kirchenstaats verbot, Napoleon den Eid zu leisten, reagierte der Kaiser am 17. Mai 1809 mit der nun auch formellen Annexion der päpstlichen Besitzungen. Papst Pius VII. antwortete darauf mit der Exkommunikation Napoleons. **68** Verbrennung englischer Waren in Amsterdam, 1810. Zeitgenössische Darstellung **69** Französische Soldaten untersuchen im Grimmaischen Tor in Leipzig, ob keine englischen Waren hinausgebracht werden. Kupferstich von Christian Gottfried Heinrich Geißler (1808) **70** Verbrennung englischer Waren in Frankfurt am Main, 1810. Zeitgenössische Darstellung

71 Die kirchliche Trauung Napoleons mit Marie Louise fand am 2. April 1810 im Louvre statt, wo der Salon carré zu einer Kapelle umgestaltet worden war. Kardinal Fesch, der Onkel des Kaisers, nahm die Trauung vor. Von den eingeladenen 27 Kardinälen waren nur elf anwesend, denn die erste Ehe Napoleons mit Joséphine war nur vom Pariser Erzbistum annulliert worden, nicht aber vom Vatikan. Napoleon vergaß diesen Affront nicht: »Sie wollen gegen die Legitimität meiner Nachkommenschaft protestieren und meine Dynastie erschüttern.« Das noch im gleichen Jahr entstandene Gemälde von Georges Rouget läßt von dem Mißklang bei dieser Zeremonie nichts ahnen. Versailles, Musée de l'Histoire de France

71

72

72 Dokumente der Ernennung des Bürgers François Bécherel zum Ritter der Ehrenlegion am 17. Juli 1804
73 Die erste Verleihung des Kreuzes der Ehrenlegion am 14. Juli 1804 im Pariser Invalidendom. Gemälde von Jean-Baptiste Debret. Versailles, Musée de l'Histoire de France

73

74

Der Seemacht Großbritannien war auch das
militärisch so hochgerüstete Frankreich Napoleons nicht gewachsen.
Wohl erzielten zahlreiche Kaperschiffe der Franzosen Erfolge
mit ihrer Nadelstichtaktik, aber die dauerhafte Herrschaft auf den Ozeanen
behauptete England. **74** Eine gewaltige Invasionsarmee hatte Napoleon
bei Boulogne aufgeboten, aber der Ausbruch des Krieges von 1805
verhinderte ihren – wahrscheinlich erfolglosen – Einsatz. Zeitgenössisches
Gemälde eines unbekannten Künstlers. Rom, Museo Napoleonico Primoli
75 In der Seeschlacht von Trafalgar am 21. Oktober 1805 vernichtete die
britische Flotte unter Lord Nelson die gemeinsam operierenden
französisch-spanischen Geschwader. Aber der Sieger starb, getroffen
von der Kugel eines französischen Scharfschützen. Gemälde
von Benjamin West (1808). London, National Maritime Museum
76 Horatio Viscount Nelson. Gemälde von Sir William Beachey.
London, Aspley House **77** Die Vernichtung der
»Redoutable« bei Trafalgar. Gemälde von Auguste Mayer.
Paris, Musée de la Marine

75

76

77

78 Napoleon besucht am
1. Dezember 1805, dem Vorabend der Schlacht
von Austerlitz, ein Biwak seiner Armee.
Gemälde von Louis-François Lejeune, ausgestellt
im Salon von 1808. Versailles, Musée de l'Histoire
de France. Lejeune selbst, Offizier im Stab
Berthiers, hat sich hier als Dolmetscher dargestellt,
mit dem Rücken zum Betrachter.
Napoleon spricht mit Bauern aus der Umgebung,
und der Straßburger Lejeune übersetzt.
Die kaiserliche Berline ist ausgespannt, das
letzte Gepäck wird abgenommen.
Nichts in dieser scheinbar so friedlichen Idylle
deutet darauf hin, daß hier der Kaiser
am nächsten Tag seinen größten Sieg erringen
wird, der den von der Dritten Koalition
– England, Österreich, Rußland –
angezettelten Krieg mit einem gewaltigen Schlag beenden wird.

79

Die so oft zitierte »Doppelschlacht von Jena und Auerstedt« am 14. Oktober 1806 verlief anders als geplant. Napoleon glaubte sich bei Jena mit der preußischen Hauptarmee konfrontiert, wie Marschall Davout bei Auerstedt mit einer weit kleineren Armee unter dem Kommando des Fürsten Hohenlohe. Tatsächlich aber war es umgekehrt, und Davouts Sieg mit nur 27000 Soldaten über 50000 darf als die eigentliche große Leistung des Tages gelten. Napoleon aber subsumierte das sofort als eine einzige Schlacht von Jena, deren durchschlagender Erfolg allein sein Werk war. Für seine weit bedeutendere Leistung wurde Davout mit dem Titel eines »Herzogs von Auerstedt« belohnt.

79 Das Schlachtfeld von Auerstedt heute

80 Das Schlachtfeld von Jena mit der historischen Mühle von Krippendorf

81 Darstellung der Schlacht von Jena in einer Aquatinta von Johann Lorenz Rugendas. Im Hintergrund die Dörfer Klein-Romstedt, Hermstedt und Stobra

80

81

82

Politik und Liebe auf
Schloß Finckenstein (Ostpreußen):
Die einundzwanzigjährige Gräfin Maria Walewska war in Warschau Napoleons Geliebte geworden, und er lud sie im April 1807 in sein Hauptquartier Schloß Finckenstein ein, wo er einige Wochen mit ihr verbrachte. **82** Gräfin Maria Walewska. Gemälde von François Gérard (1812). Versailles, Musée de l'Histoire de France
83 Trotz der Flitterwochen gingen natürlich die politischen Geschäfte weiter. So empfing Napoleon am 27. April 1807 Mirza Reza, den Botschafter Persiens, mit seinem Gefolge. Am 4. Mai unterzeichneten beide einen Bündnisvertrag, der gegen Großbritannien und Rußland gerichtet war, aber wirkungslos blieb. Gemälde von François-Henri Mulard, ausgestellt im Salon von 1810. Versailles, Musée de l'Histoire de France

83

GRANDE ARMEE.
JENA
BERLIN

84

85

84 Die Rückkehr der Kaisergarde am 25. November 1807 nach Paris gestaltete sich zu einem mächtigen Triumph. Die Garde – Napoleons Elitetruppe – hatte im Krieg 1806/07 gegen Preußen und Rußland nur geringe Verluste erlitten; oft genug hatte schon allein ihre drohende Präsenz als zuverlässige Eingreifreserve genügt. Die Pariser Bevölkerung jubelte. Wer konnte auch ahnen, daß nach dem siegreichen Frieden von Tilsit nur wenige Monate später der verlustreiche Krieg mit Spanien ausbrechen würde? Gemälde von Nicolas-Antoine Taunay, ausgestellt im Salon von 1810. Versailles, Musée de l'Histoire de France

85 Nach der Schlacht von Austerlitz hatte Napoleon einen »Tisch der Marschälle« in Auftrag gegeben, ausgeführt in Sèvres-Porzellan und vergoldeter Bronze mit den Bildnissen von dreizehn Marschällen und dem des Kaisers von Jean-Baptiste Isabey (1808/1810). Paris, Schloß Malmaison

86

87

88

86 Die Bevölkerung von Paris spürte den Krieg nicht; sie genoß das Leben und das reichhaltige Warenangebot. Die Hungerjahre der Revolution waren vorbei, der Wohlstand des Kaiserreichs dominierte. Wer auf sich hielt und vermögend war, kaufte in der »Passage de Panoramas«. Aquarell eines unbekannten Künstlers. Paris, Musée Carnavalet
87 Die begüterten Pariser mochten bei der Promenade nicht auf den Schirm verzichten. Gemälde von Louis-Léopold Boilly. Paris, Louvre **88** Nicht zu übersehen war die große Zahl der jährlich zum Militärdienst Einberufenen (Konskribierten), die hier, verabschiedet von ihren Angehörigen, 1807 an der Porte St. Denis versammelt sind. Wer Geld besaß, konnte sich freikaufen und einen Stellvertreter schicken. Während Napoleons Regierungszeit mußten drei Millionen Franzosen in der Armee dienen. Durch die im November 1806 verfügte Einberufung des Jahrgangs 1807 erhöhte sich die Stärke der Grande Armée auf 580000 Soldaten. Gemälde von Louis-Léopold Boilly. Paris, Musée Carnavalet

89 Einzug Napoleons und Marie Louises
am 2. April 1810 in die Tuilerien. Gemälde von Etienne-Barthélemi Garnier (1810).
Versailles, Musée de l'Histoire de France. Um die Begeisterung der Volksmassen anzufachen, hatte Napoleon großzügige Lebensmittelspenden angeordnet: 4800 Pasteten, 1200 Zungen, 1040 Hammelkeulen, 1000 Schafsschultern, 1000 Stück Geflügel und 3000 Würste wurden ausgegeben, aus Fontänen sprudelte Wein. Aber das Volk zeigte sich an diesem Montag meist unlustig, stürmischer Jubel wollte nicht aufkommen. »Ich könnte die Madonna heiraten«, meinte Napoleon, »ohne daß die Pariser überrascht wären, so sehr habe ich sie durch Überraschungen und Unmöglichscheinendes verwöhnt.« Tatsächlich aber war die geschiedene Kaiserin Joséphine bei der Bevölkerung beliebt, indes die junge Österreicherin unangenehme Erinnerungen an die Österreicherin Marie-Antoinette weckte, Marie Louises Tante.

90

90 Am 20. April 1814 verabschiedete sich Napoleon im Schloßhof von Fontainebleau von den Soldaten der Alten Garde. Seine kurze Ansprache rührte die Männer zu Tränen, selbst die anwesenden alliierten Offiziere zeigten sich beeindruckt. »Da ich euch nicht alle küssen kann, küsse ich euren General. Kommen Sie, General Petit!« Gemälde von Horace Vernet (1825). Versailles, Musée de l'Histoire de France

DRITTES KAPITEL

DER UNTERGANG

Der ersehnte Thronfolger, dem schon vor seiner Geburt der Titel eines »Königs von Rom« verliehen wurde, kam am 20. März 1811 zur Welt. Napoleon war außer sich vor Glück, und die Nation freute sich mit ihm. Die Geburt war schwer gewesen, zeitweilig hatte es so ausgesehen, als könne nur eines der beiden Leben gerettet werden. Der Kaiser, dem nichts wichtiger zu sein schien als der ersehnte Erbe, befahl seinem Leibarzt, unter allen Umständen das Leben der Mutter zu retten, notfalls mit dem Tod des Kindes. Aber dann verlief doch noch alles gut, und Napoleon weinte vor Freude. Alle Kirchenglocken läuteten, die Geschütze donnerten den vorgeschriebenen Salut von hunderteins Schuß, die wendige Haute Couture hatte sofort eine neue Modefarbe kreiert, genannt *couleur caca Roi de Rome,* die von den Stutzern à la mode schon am selben Tag getragen wurde. In den Theatern spielte man Stücke, die fertig einstudiert waren, etwa *La Bonne Nouvelle ou le Premier arrivé.* Die Unteroffiziere des 1. Gardegrenadierregiments schnitten sich die Schnurrbärte ab und stopften damit ein Kissen für den kleinen König, das sie dem Kaiser überreichten.

So sehr man dem sein junges Vaterglück gönnte, so ließ sich doch nicht übersehen, daß Marie Louise nicht beliebt war. Ihr fehlte der Charme Joséphines, sie wirkte plump, steif, hölzern und ohne Esprit. Außer ihrem Ehemann mochte sie wohl kaum jemand. Das ließ man sie spüren, und das verstärkte natürlich ihre Unsicherheit. »Österreich opfert dem Minotaurus eine schöne Färse«, spottete in Wien der um ein Bonmot nie verlegene greise Fürst de Ligne, und offenbar sahen das die Franzosen nicht anders.

Auch um die Popularität Napoleons war es nicht zum besten bestellt. Gewiß, Frankreich hatte Kontinentaleuropa fest im Griff, das Kaiserreich erstreckte sich von Portugal bis Rußland, von Neapel bis Dänemark, aber hinter der glänzenden Fassade knisterte es im Gebälk des prächtigen Gebäudes. Die Kontinentalsperre hatte England nicht in die Knie gezwungen, Napoleon selbst trug durch die vielen Ausnahmen seines Lizenzsystems täglich zu ihrer Durchlöcherung bei. Der Krieg in Spanien band seit 1808 immer mehr französische Truppen, die jetzt fehlten, um die ausgedehnten Küsten des gewaltigen Reiches zu kontrollieren, weswegen allenthalben der Schmuggel aufs beste gedieh. Um die Grenzen zu schließen, mußten immer mehr unbesetzte Gebiete militärisch okkupiert werden. Louis Bonaparte, König von Holland dank Napoleons Gnaden, nahm die schweren Wirtschaftssorgen des ihm anvertrauten Landes so ernst, daß er versuchte, eine eigene Politik gegenüber England zu treiben, worauf er zur Abdankung gezwungen und Holland dem französischen Kaiserreich einverleibt wurde. Als der Papst sich weigerte, in seinem Kirchenstaat französische Kontrollen zuzulassen, wurde er verhaftet, nach Frankreich gebracht und sein Territorium besetzt. Das Herzogtum Oldenburg, dessen Herrscher der Schwager des Zaren war, wurde kurzerhand annektiert. Hamburg, Bremen, Lübeck und das norddeutsche Küstengebiet wurden Frankreich als eigenes Departement einverleibt. Wo immer man britische Waren aufspürte, mußten sie verbrannt werden, ertappte Schmuggler stellte man unnachsichtig an die Wand. Aber das bewirkte gar nichts. Dank seiner unangefochtenen Seeherrschaft organisierte England den Schmuggel in riesigem Ausmaß, und daran verdienten viele Tausende so blendend, daß sie jedes Risiko dafür eingingen.

Gewiß, die Festlandsblockade schuf England eine hohe Inflations- und Arbeitslosenrate, aber der Kontinent war wirtschaftlich noch längst nicht so entwickelt, daß er von den Importen aus den Kolonien unabhängig gewesen wäre. Es mangelte an Baumwolle, Leder, Kaffee, Tee, Kakao, Gewürzen und Rohrzucker; die geschmuggelten Produkte kosteten viel Geld, besonders die Schmiergelder für die Komplizen beim französischen Zoll. Auch fehlten jetzt England und seine Kolonien als Exportgebiete. Napoleons Wirtschaftspolitik hatte es vermocht, aus Frankreich, das noch zur Zeit der Revolution auf den Getreideimport aus Rußland angewiesen war, ein getreideexportierendes Land zu machen, zweifellos eine gewaltige Leistung. Aber an wen sollten die französischen Bauern ihre Überschüsse verkaufen? In dieser Situation genehmigte Napoleon einen Lizenzhandel, der es ermöglichte, einen bescheidenen Warenaustausch mit England gleichsam hinter vorgehaltener Hand zu betreiben, was sich natürlich nicht geheimhalten ließ. Eine Lizenz zu bekommen, erwies sich als gleichbedeutend mit einer millionenschweren Zukunft. Während in Wirtschaftszentren wie Amsterdam, Hamburg und Frankfurt am Main riesige Mengen britischer Waren bei den Kaufleuten entschädigungslos beschlagnahmt und öffentlich verbrannt wurden, was manches Handelshaus in den Ruin trieb, florierte in Frankreich der Lizenzhandel zu Lasten der übrigen europäischen Staaten.

Eine schwere Finanzkrise mit zahlreichen Konkursen erschütterte Frankreich 1810. Im Jahr darauf folgte eine Mißernte. Aber England ging es noch weit ärger. Hier drohte – neben Wirtschaftsverfall, Konkursen, Exportrückgang und mehreren Mißernten – eine Hungersnot. Hätte Napoleon jetzt seine Blockade konsequent angewendet, hätte er das verhaßte Albion vielleicht beugen können, aber er bereitete seinen Feldzug gegen Rußland vor, brauchte dafür Geld und erlaubte daher die großzügigsten Exporte nach England.

Warum Krieg mit Rußland? Zar Alexander I. hatte sich 1807 im Vertrag von Tilsit der Kontinentalsperre gegen England angeschlossen. Das industriell völlig unterentwickelte Rußland konnte sich eine solche Entscheidung jedoch überhaupt nicht leisten. So wie England die Lieferungen von Schiffsholz, Hanf, Flachs und Pech aus Rußland brauchte (die wichtigsten Materialien für die britische Flotte), ebenso konnte Rußland nicht auf die Produkte der britischen Industrie verzichten. Frankreich bot zwar Ersatz an, hatte aber im Austausch kaum Verwendung für russische Rohstoffe. So kam es bald zu einer Aussöhnung zwischen England und Rußland und zu Restriktionen gegen den Handel mit Frankreich. Den Krieg Frankreichs gegen Österreich hatte Rußland trotz des Bündnisses nicht unterstützt, ja sich betont österreichfreundlich verhalten, dafür aber beleidigt reagiert, als Frankreich das Herzogtum Oldenburg annektierte.

Napoleon wollte Rußland zur Vertragstreue zwingen, schließlich hatte der Zar sich zum gemeinsamen Kampf gegen England verpflichtet. Aber der konnte gar nicht anders handeln, wollte er nicht Leben und Thron riskieren. So kam es zum Krieg, den eigentlich keiner gewollt hatte. Der Napoleon von 1805 hätte ihn wohl schwerlich begonnen, aber sieben Jahre später hatte der Kaiser jegliches Maß verloren. Ihm gehörte Kontinentaleuropa, er hatte jeden Krieg gewonnen, die Russen 1805 und 1807 geschlagen, er war im Recht, was konnte ihm da viel passieren? Noch immer schien ihm der Krieg in Spanien nicht viel mehr zu bedeuten als eine größere Polizeiaktion.

Ein mörderischer Irrtum. Zwar hatten die Franzosen die reguläre spanische Armee 1808/09 bei geringfügigen eigenen Verlusten völlig aufreiben können, aber der spanischen *Guerilla* (dieses Wort – »kleiner Krieg« – wurde damals geprägt) waren sie nicht gewachsen. Dies um so weniger, als die Spanier von einer britischen Armee unter dem Herzog von Wellington unterstützt wurden. Hinzu kam: Die nur an ihren persönlichen Ruhm denkenden französischen Marschälle taten alles, um einander zu schaden, eifersüchtig war jeder auf den eigenen Vorteil bedacht, keiner half dem anderen. Diese Rivalität kam den Spaniern und Engländern ganz besonders zugute. Napoleon, den dies alles nicht kümmerte, scherte es wenig, daß allein Spanien dreihunderttausend Soldaten band, daß ein Zweifrontenkrieg geführt werden mußte, daß zwischen der Grenze Frankreichs und der von Rußland ein Gebiet lag, das die Gelegenheit zum Aufstand nutzen könnte. Alle Warnungen seiner Minister schlug Napoleon in den Wind und stellte für den neuen Feldzug eine Armee auf, die alles bis dahin Bekannte übertraf. Mit sämtlichen Reservetruppen brachte er gegen Rußland sechshundertfünfzigtausend Soldaten zusammen. Dazu organisierte er ein Transport- und Versorgungssystem, wie man es noch nie gesehen hatte.

Die russische Armee, seit 1811 auf Napoleons Angriff vorbereitet, zog sich zurück, etwas anderes blieb ihr gar nicht übrig. Die immer wieder zu hörende Behauptung, Rußland habe Napoleons Truppen in die Tiefen des Raums locken wollen, ist Unsinn. Die russische Armee war der französischen weit unterlegen; sie wäre in den ersten Wochen vernichtet worden, wenn sie sich gestellt hätte. Napoleons Vielvölkerarmee (noch nicht einmal die Hälfte waren Franzosen) marschierte in drei Heeressäulen. In der Mitte befand sich der Kaiser selbst mit der auf Moskau marschierenden Hauptarmee. Ihren linken Flügel bildeten Preußen und Bayern, den rechten Österreicher und Sachsen. Diese beiden Flügel blieben bald stecken, weil sie auf harten russischen Widerstand stießen, den sie – zahlenmäßig unterlegen – nicht brechen konnten. Am 24. Juni 1812 hatten Napoleons Soldaten die russische Grenze überschritten, am 17. August mußten die Russen nach einer zweitägigen Schlacht, die beide Seiten hohe Verluste kostete, Smolensk räumen. Am 7. September stießen die Armeen ein zweites Mal aufeinander: Am Abend lagen achtzigtausend Tote und Verwundete auf dem Schlachtfeld von Borodino. Die schwer geschlagene russische Armee zog sich zurück, und Napoleon besetzte Moskau am 14. September. Das von ihm erwartete Friedensangebot des Zaren traf aber nicht ein. Vielmehr brannten die Russen die Stadt nieder, so daß an ein Überwintern nicht zu denken war. Am 19. Oktober begann der Rückzug der Grande Armée. Auf St. Helena hat Napoleon wieder und wieder behauptet, ein verfrüht einsetzender strenger Winter hätte seine Pläne durchkreuzt, und bis heute ist die Mär nicht aus der Welt zu schaffen, Napoleons Armee sei in Eis und Schnee zugrunde gegangen. Tatsächlich hatten Strapazen, Epidemien und die Kampfhandlungen die Hauptarmee so geschwächt, daß nur noch weniger als ein Drittel der Ausmarschierten Moskau erreichte. Zudem begann der Winter 1812 spät und milde; erst Anfang Dezember sanken die Temperaturen auf unter minus dreißig Grad Celsius. Die geringsten Verluste trafen den linken und den rechten Flügel, denn hier hatte die Versorgung funktioniert, zum Teil war auch Winterbekleidung vorhanden, ein geordneter Rückzug blieb möglich.

Die Ursachen des Desasters in Rußland liegen auf der Hand. Zunächst einmal war die Armee für das damals zur Verfügung stehende Kommunikationssystem viel zu groß. Auch brach sofort die gesamte Logistik zusammen, weil der Rückzug der Russen nicht einkalkuliert worden war, die französische Armee deshalb zu rasch vorrücken mußte. Der Kälteeinbruch traf Soldaten, die unterernährt, unterversorgt und völlig demoralisiert waren. Unübersehbar traten auch die Rivalitäten in dieser Vielvölkerarmee zutage. Etwa eine halbe Million Soldaten gingen auf französischer Seite in diesem Halbjahr zugrunde, aber die russischen Verluste waren kaum geringer, denn auch hier versagte der Nachschub, brachen Epidemien aus, und schließlich litten die Soldaten genauso unter dem scharfen Frost, auch wenn sie besser gegen den Winter gerüstet waren. Napoleon hatte am 5. Dezember 1812 in Smorgon die Überreste seiner geschlagenen Armee verlassen und war mit seinem Großstallmeister Caulaincourt im Schlitten gen Westen geeilt. Alarmiert hatte ihn die Nachricht von einem Putschversuch in Paris, wo ein als »geisteskrank« internierter General Malet versucht hatte, die Macht an sich zu reißen, nachdem er den Polizeiminister Savary und den Polizeipräfekten Pasquier kurzerhand hatte verhaften lassen. Im anschließenden Chaos hatte niemand an die Kaiserin gedacht, ja die gesamte Regierung bot ein Bild völliger Kopf- und Hilflosigkeit. Drastisch bekam Napoleon vor Augen geführt, auf welch tönernen Füßen sein scheinbar allmächtiges Kaiserreich stand.

Schon 1809 hatte ein anderer Anlaß ihm Stoff zum Nachdenken gegeben: Britische Truppen waren, während er in Österreich Krieg führte, plötzlich in Holland gelandet. Damals hatte Fouché blitzschnell die Nationalgarde mobilisieren und die Briten einschließen können. Nachdem zwanzigtausend britische Soldaten einer Epidemie zum Opfer gefallen waren, mußte sich das Invasionskorps nach England zurückziehen.

Nur einer Handvoll beherzter Offiziere war es gelungen, Malet zu überwältigen und ihn und seine Mitverschworenen standrechtlich erschießen zu lassen. Zudem wußte Napoleon, daß nur seine Anwesenheit in Paris und die Autorität seiner Persönlichkeit ein größeres Ausmaß des militärischen Desasters verhindern konnte. Europa sollte zwar die Wahrheit wissen, zugleich aber mußte die Wiederaufrüstung (in Rußland war zum Beispiel auch die gesamte Artillerie verlorengegangen) mit allen Mitteln beschleunigt werden. Das 29. Bulletin der Grande Armée informierte zu Weihnachten 1812 Europa über das, was geschehen war, schob indes die Schuld an der Katastrophe einem nicht vorhersehbaren frühen Wintereinbruch zu. Doch Europa wurde zugleich gewarnt: »Die Gesundheit Sr. Majestät war nie besser«, lautete der Schlußsatz. Das veranlaßte Chateaubriand zu dem bitteren Kommentar: »Mütter, trocknet eure Tränen, Napoleon geht es gut.« Aber das war nicht gemeint. Napoleon wollte vielmehr damit sagen: Ich bin da, bin handlungsfähig, mit mir ist zu rechnen. Und eben dies demonstrierte er nun. Während die zerlumpten und halb erfrorenen Überreste des noch vor einem halben Jahr so prächtigen Heeres westwärts krochen (»Mit Mann und Roß und Wagen / Hat sie der Herr geschlagen«, sang man in Deutschland) und dabei kaum behelligt wurden, stampfte Napoleon eine neue Armee aus dem Boden. Es waren junge, unerfahrene, viel zu kurz ausgebildete Soldaten, es mangelte empfindlich an Kavallerie und damit an der Möglichkeit, rasch und leicht zu erkunden und den geschlagenen Feind zu verfolgen.

Napoleon bot zu Anfang des Jahres 1813 das Bild eines Mannes, der aufzugeben längst nicht bereit war, ein Bild der Entschlossenheit. Er war voller Tatkraft, denn Bedrohung aktivierte und inspirierte ihn. Nun gut, er hatte eine Armee verloren, aber er verfügte über Reserven und sein Land über Ressourcen. Es war ja nicht so, daß Rußland all seine Heerscharen verschlungen hätte. Vom rechten und vom linken Flügel kehrten viele zurück, aber auch von der am ärgsten zugerichteten Hauptarmee, vor allem ältere, erfahrene Offiziere. Die verlorengegangenen Kanonen würden in Kürze neugegossen sein, an Munition mangelte es nicht, einzig an Kavallerie.

Wie stets hatte er bei solchen Berechnungen vergessen, nach den Menschen zu fragen. Frankreich und seine Verbündeten waren die andauernden Kriege leid. Gewiß, 1805, 1806 und 1809 war man angegriffen worden und mußte sich schützen, aber gerade die immer verlustreicher werdenden Kämpfe in Spanien und nun die Katastrophe in Rußland gingen einzig auf Napoleons Initiative zurück, in völliger Selbstüberschätzung und in Unkenntnis fremder Volksmentalität. Auch in Rußland hatte seine Armee den Partisanenkrieg erlebt, wenn auch in weit geringerem Ausmaß als in Spanien. Das leidenschaftliche Engagement der spanischen und russischen Bauern für ihr Heimatland verstand er, der Sohn des 18. Jahrhunderts, nicht.

Da in seinen Augen nur reguläres Militär den Krieg führen durfte, war der Partisan ein Straßenräuber und wurde ohne Gnade hingerichtet, wenn er den französischen Soldaten in die Hände fiel. Hier zeigte sich letztlich wieder das Trauma von 1792, als Napoleon hatte mitansehen müssen, wie der Pariser Mob auf grausamste Art die wehrlosen Schweizer Soldaten des Königs gelyncht hatte. Nie wieder durfte sich ein solcher Greuel wiederholen.

»Die Gesundheit Sr. Majestät war nie besser.« Nichts konnte wichtiger sein denn dies, nachdem er nun wußte, daß die russische Armee die Grenze überschritten hatte – übrigens sehr gegen den Willen ihres Feldherrn Kutusow. Der wollte einzig Rußland befreit sehen, das übrige Europa interessierte ihn nicht. Aber der Zar, gedrängt von seinen preußischen Beratern, verlangte die weitere Verfolgung der Geschlagenen, und dem war zu gehorchen; aber von Eile hatte der Zar nichts gesagt. Kutusow konnte sein Verhalten auch vernünftig begründen: Die russische Armee, ebenfalls schlecht versorgt, hatte fast noch mehr gelitten als die Grande Armée. Sie befand sich in einem geradezu desolaten Zustand und bedurfte dringend der Ruhe und der Sammlung.

Und Preußen? Die in deutschen Geschichtsbüchern so sehr gefeierte spontane jubelnde Volkserhebung ist ein Märchen. Der König war unlustig, denn er scheute das Risiko, die preußischen Unternehmer pflichteten ihm bei, denn sie fürchteten eine ernsthafte Störung des Marktes und wollten keine Facharbeiter verlieren. Begeisterte Aufbruchsstimmung war noch am ehesten an den Universitäten unter den Studenten zu finden. Gewiß, jedermann wollte die französische Besatzung loswerden, darin bestand Einmütigkeit, nur über das Wie konnte man sich nicht einigen. Der Napoleon-Verehrer Goethe sah die Kriegsvorbereitungen mit Zorn: »Rüttelt nur an euren Ketten«, fuhr der Dichter in Dresden seine Freunde an, »der Mann ist euch zu groß, ihr werdet sie nicht zerbrechen!«

Und so sah es ja auch zunächst aus. Die erste Schlacht des Jahres 1813 – am 2. Mai bei Lützen/Großgörschen – endete mit einer Niederlage der preußisch-russischen Armee. Zwar lagen die Verluste der Franzosen weit höher, aber die Alliierten konnten ihre Stellungen nicht halten und mußten sich zurückziehen. Hätte Napoleon jetzt die in Rußland verlorene Kavallerie besessen, hätte er eine Verfolgung nach dem Modell von 1806 beginnen können. So aber verließ der Gegner das Schlachtfeld unbehelligt.

Auch die nächste Schlacht – am 20./21. Mai bei Bautzen – wurde für Napoleon zum verlustreichen

Sieg, aber auch hier zwang er die preußisch-russische Armee zum Rückzug. Wieder machte die fehlende Kavallerie eine Verfolgung unmöglich. Doch in beiden Schlachten, die der Kaiser mit weitgehend unerfahrenen jungen Soldaten (spöttisch die »Marie-Louisen« genannt) austragen mußte, bewährte sich der Zauber seiner Persönlichkeit. Der Ruf der Offiziere »Der Kaiser schaut auf euch!« bewirkte kleine Wunder.

Den nun folgenden Waffenstillstand hat Napoleon auf St. Helena zu Recht als seinen größten Fehler bezeichnet. Zwar konnte er seine Armee durch Nachschub verstärken, vor allem durch kampferprobte Kavallerie-Einheiten aus Spanien, aber noch weit mehr kam die Atempause den geschwächten Preußen und Russen zugute, denn aus dem Osten rückten weit stärkere Divisionen heran. Vor allem aber gelang es den Alliierten, Österreich und Schweden für sich zu gewinnen. Das neue Konzept: Napoleon war möglichst auszuweichen, die Offensive sollte sich ganz auf seine Generale konzentrieren. Und das ging auf. Zwar siegte der Kaiser noch einmal bei Dresden am 27. August 1813 über eine russisch-österreichische Armee, die achtunddreißigtausend Soldaten verlor (die Franzosen hingegen nur zehntausend), aber die Niederlagen der Franzosen bei Großbeeren, Kulm und an der Katzbach glichen das aus, und am 6. September erlitt Marschall Ney schwere Verluste bei Dennewitz.

Welche Dimensionen der Kampf angenommen hatte, erlebten die Franzosen in der sogenannten Landwehrschlacht bei Hagelberg am 27. August, über die in deutschen Geschichtsbüchern nicht gern gesprochen wird: Die preußische Landwehr massakrierte hier mehrere tausend französische Gefangene mit den Gewehrkolben, die Befehle ihrer Offiziere mißachtend. Die Einzelheiten dieses Verbrechens hat einige Jahre später ein preußischer Offizier als Augenzeuge beschrieben. Auch den Einsatz neuer Waffen bekam Napoleons Armee zu spüren: Am Gefecht an der Göhrde, am 16. September, nahm eine britische Raketenbatterie teil, die erstmals die Congreveschen Brandraketen an Land einsetzte; die Wirkung auf die ahnungslosen französischen Truppen war verheerend.

Napoleon hatte sich inzwischen nach Leipzig zurückgezogen, und in der nun folgenden »Völkerschlacht« vom 16. bis 19. Oktober 1813 gelang es ihm wenigstens, der drohenden Einschließung durch eine gewaltige Übermacht zu entkommen. Die Franzosen verloren achtunddreißigtausend Tote und Verwundete, dreißigtausend Soldaten gerieten in Gefangenschaft, die meisten, als eine voreilige Brückensprengung ganze Einheiten vom rettenden Ufer trennte. Die alliierten Verluste lagen zwar, trotz beträchtlicher Überlegenheit, mit vierundfünfzigtausend Toten und Verwundeten weit höher, aber ihre Armeen besaßen den Vorteil, daß ihnen täglich frische Reserven zuströmten, die den Franzosen fehlten. Außerdem waren während der Leipziger Schlacht die Sachsen und Württemberger geschlossen zu den Alliierten übergelaufen; die übrigen Rheinbundstaaten hatten sich kurz zuvor von Frankreich losgesagt, um nicht dessen Fall zu teilen.

Obwohl die Franzosen geschlagen waren, unter Munitions- und Nachschubmangel litten, es vor allem an Lebensmitteln fehlte und der Feind ihnen unmittelbar folgte, wurden sie nicht angegriffen: Der Respekt vor Napoleon, der seinen geschlagenen Regimentern voranritt und ihnen Mut zuzusprechen suchte, war zu groß. Doch bei Hanau versuchte ihm einer, den Weg zu verlegen: General Fürst Wrede, der Oberkommandierende der bayerischen Truppen, trat seinem einstigen Mentor, dem er alles verdankte, mit einem bayerisch-österreichischen Korps entgegen. Hier sah der ehrgeizige Mann die Gelegenheit, als Sieger über Napoleon in die Geschichte einzugehen. Aber es kam anders: Am 30. Oktober stieß Wredes Armee – dreiundvierzigtausend meist gutbewaffnete, neuuniformierte und ausreichend ernährte Soldaten – auf Napoleons Avantgarde, die nur siebzehntausend Soldaten zählte, darunter allerdings Einheiten der zu Recht gefürchteten Garde. Wrede erlitt eine schwere Niederlage, ebenso bei seinem zweiten Versuch einen Tag später, doch noch das Glück zu wenden: Er verlor neuntausend Tote und Verwundete und wurde selbst zum Krüppel geschossen. Die Verluste der Franzosen an diesen beiden Tagen – es war die letzte Schlacht auf deutschem Boden – sind nicht bekannt, waren aber weit geringer, doch machten die Alliierten in den folgenden Tagen noch zehntausend Nachzügler zu Gefangenen, erschöpfte, zusammengebrochene Franzosen.

Napoleon erreichte den Rhein, der damals die Grenze bildete, mit nur noch hundertzehntausend Soldaten, von denen bestenfalls siebzigtausend einsatzfähige Kampftruppen waren.

Für Napoleon war der Krieg endgültig verloren, und damit waren auch die Tage seiner Herrschaft gezählt. Aber er weigerte sich, die Realität anzuerkennen. Dafür gab es sogar einige Gründe: Die Alliierten zeigten sich verhandlungsbereit, vor allem Österreich wollte Napoleons Sturz nicht, weil sein Kanzler Metternich sich um die politische Stabilität Frankreichs sorgte, in dem sich ohne Napoleon revolutionäre Tendenzen breitmachen könnten. Auch Rußland war nicht sonderlich interessiert, den Krieg nach Frankreich hineinzutragen. Einzig Preußen drängte auf die Vernichtung des Erzfeindes. Napoleon indes machte es seinen Gegnern leicht, da er zu keinem Kompromiß bereit war, am wenigsten zum Rückzug Frankreichs auf die Grenzen von 1792. Seine politische Situation hatte er schon im Juni 1813 in Dresden Metternich in einem langen Gespräch präzise beschrieben: »Ich werde zu sterben wissen, aber ich trete keine Handbreit Bodens ab. Eure Herrscher, geboren auf dem Thron, können sich zwanzigmal schlagen lassen und doch immer wieder in ihre Residenzen zurückkehren; das kann ich nicht, ich, der Sohn des Glücks! Meine Herrschaft überdauert den Tag nicht, an dem ich aufgehört habe, stark und folglich gefürchtet zu sein.«

In den ersten drei Monaten des Jahres 1814, darin sind sich alle Biographen einig, übertraf Napoleon sich selbst, hatte er, wie er zu seinem Generalstabschef Berthier sagte, wieder die Stiefel von 1796 angezogen. Viele seiner besten Soldaten verteidigten sich in den eingeschlossenen Festungen Deutschlands, wo sie zwar alliierte Truppen banden, aber eben doch an der Heimatfront fehlten. Andere verteidigten sich mühsam an der spanisch-französischen Grenze gegen die nicht mehr aufzuhaltenden britischen Truppen Wellingtons. Der Zweifrontenkrieg hatte nun die Heimat eingeholt. Der Kaiser selbst verfügte noch über etwa hundertzwanzigtausend Soldaten, davon gehörten etwa vierzigtausend zu den Eliteregimentern der Garde; der Rest bestand aus jungen Rekruten. Ihnen gegenüber standen dreihundertfünfzigtausend Alliierte, die über genügend Reserven verfügten. Dennoch gelang es Napoleon, dieser Übermacht Schlag um Schlag zu versetzen und sie fast drei Monate lang zu binden. Demgegenüber blieben die Aktivitäten französischer Bauern im Partisanenkampf bescheiden, vergleicht man sie mit den spanischen *guerilleros.* Hätte Napoleon die französische Bevölkerung zu einer *Levée en masse* aufgerufen und zeitig mit Waffen und Munition versehen, so hätte das zwar kaum seinen Thron gerettet, den Alliierten aber doch schwer zu schaffen gemacht und vielleicht die Friedensverhandlungen zu Frankreichs Gunsten verbessern können. Aber auch hier stand Napoleon der August 1792 vor Augen: Wer garantierte ihm, daß die Massen ihm später wieder gutwillig gehorchen und ihre Waffen abliefern würden? Aus demselben Grund, der ihn 1812 davon abgehalten hatte, die Bevölkerung Polens gegen die Russen zu mobilisieren, verwarf er jetzt den Appell an das französische Volk zum bewaffneten Widerstand.

Die Alliierten hatten Napoleons Vorgehen, blitzschnell ihre kleineren Einheiten anzugreifen und zu zerschlagen, bald durchschaut. Entschlossen rückten sie nun auf Paris zu und erreichten am 31. März 1814 Frankreichs Hauptstadt, indes sich Napoleon mit den ihm verbliebenen Resten seiner Armee in und um Fontainebleau konzentrierte. Die Pariser Bevölkerung, der Herrschaft Napoleons längst überdrüssig, begrüßte die einziehenden Verbündeten mit Jubel. Nun drängten auch die Marschälle den Kaiser, durch seine Abdankung das Blutvergießen zu beenden. Napoleon zögerte. Er wußte, daß er mit den Regimentern seiner Garde, auf deren Treue und Moral er sich absolut verlassen konnte, den Krieg noch einige Monate lang würde fortsetzen können. Er wußte aber genausogut, wie sinnlos eine solche Verlängerung des Krieges gewesen wäre. Am 6. April 1814 unterzeichnete er im Schloß von Fontainebleau seine bedingungslose Abdankung. Der Versuch, sich nachts mit Gift das Leben zu nehmen, schlug fehl. Er interpretierte das als eine Aufforderung des Schicksals, sein Leben im Dienst der Geschichte weiterzuführen; um solcherart Deutungen war er noch nie verlegen gewesen. Die Alliierten hatten ihm die kleine Insel Elba als Verbannungsort bestimmt. Ehe er dorthin aufbrach, versammelte er am 20. April die

Soldaten der Alten Garde im Hof des Weißen Pferdes zu einer Abschiedszeremonie, die er so eindrucksvoll wie kein anderer zu inszenieren verstand. Er hielt eine kurze Ansprache an seine Soldaten, deren Geschichte er zu schreiben versprach, küßte den kommandierenden General, und die alten kampferprobten Gefährten seiner Siege weinten wie die Kinder. Selbst die alliierten Offiziere, die diesem Abschied beiwohnten, blieben nicht unberührt.

Im ernüchternden Gegensatz dazu entwickelte sich die Fahrt nach Süden, dem Exil entgegen. Nirgends Jubelrufe, im Gegenteil: In Südfrankreich häuften sich Schmährufe und Verwünschungen dermaßen, daß Napoleon um sein Leben fürchtete. Der Mann, der im dichtesten Kugelregen gestanden hatte, bewundert wegen seiner so oft demonstrierten Unerschrokkenheit, zitterte jetzt vor Angst. Schließlich tauschte er mit einem der ihn bewachenden Offiziere die Uniform, um nicht erkannt zu werden. Wieder hatte ihn der August 1792 eingeholt.

Auf der ärmlichen Insel Elba richtete er sich ein und entfaltete die ihm eigene rastlose Aktivität. Sofort entwarf er ein umfassendes Wirtschaftsprogramm für sein winziges Reich, erarbeitete Pläne für den Straßen- und Wegebau und für die Landwirtschaft. Der Mann, der gerade noch eine Million Soldaten befehligt hatte, besaß jetzt nur noch eine Armee von nicht ganz tausend Soldaten. Die wenigen ihm zur Verfügung stehenden Schiffe führten eine selbstentworfene Flagge mit dem Symbol der goldenen Merowinger-Bienen.

Vielleicht hätte sich der Verbannte sein Quartier auf Elba auch ganz behaglich eingerichtet, wären nicht ständig alarmierende Nachrichten vom Festland gekommen. Das weitgehend auf Halbsold gesetzte napoleonische Offizierskorps murrte, leitende Positionen in der Armee wurden mit unerfahrenen Aristokraten besetzt, die gerade erst aus der Emigration zurückgekommen waren. Den Bauern wurde wieder eine Adelswillkür zugemutet, als hätte es ein 1789 nie gegeben. Der ungehinderte Aufstieg von unten nach oben, Begabung und Tüchtigkeit vorausgesetzt, wie ihn Napoleon gefördert hatte, existierte nicht mehr. Wer nicht zur Aristokratie gehörte, der brauchte sich auf bestimmte Spitzenstellungen keine Hoffnung mehr zu machen. Was aber den Verbannten selber betraf: Die Zusicherung regelmäßiger Einkünfte wurde von der Regierung Ludwigs XVIII. nicht eingehalten, sie wollte den Verhaßten wohl auf Elba aushungern. Als dann schließlich bekannt wurde, man wolle Napoleon unter Bruch des gegebenen Wortes von Elba nach St. Helena bringen, wußte der Kaiser, was er zu tun hatte.

Am Abend des 26. Februar 1815 verläßt Napoleon mit sieben Schiffen und elfhundert Soldaten Elba. In Wien beschäftigt sich der Kongreß der Sieger mit der Neuordnung Europas, der britische Gouverneur Elbas weilt gerade in Livorno. Napoleon hat den Plan seiner Rückkehr genau durchdacht, die nach der Landung zu verteilende Proklamation an das französische Volk wird auf einer Druckpresse an Bord gedruckt. Niemand kontrolliert die kleine Flotte, die am 1. März in Golfe-Juan vor Anker geht. Als die ersten Neugierigen am Strand den Heimkehrer erkennen, erschallen keine Jubelrufe. Ein Bauer sagt es ihm freimütig ins Gesicht: »O bester Herr, es tut mir sehr leid, Sie hier zu sehen. Gewiß, Sie haben Freunde, aber gerade fingen wir an, ein bißchen Ruhe zu bekommen, und jetzt kommen Sie und werden alles wieder durcheinanderbringen. Wer weiß, was jetzt wieder losgeht!«

Zweifellos, so denken jetzt viele, aber sie sind in dieser Gegend in der Minderheit. Die Bevölkerung, sofern sie nicht zu den Nutznießern der Monarchie gehört, ist gründlich desillusioniert von der Restauration, denn so hatte man es sich nicht gedacht. Viele erkennen, welche unschätzbaren Vorzüge die napoleonische Verwaltung für das Land gehabt hat, und gerade die Bauern wissen, wieviel der Kaiser für sie mit seiner Wirtschaftspolitik getan hat. Das ist nun, wo England mit Macht auf den französischen Markt drängt, vorbei. Und nun beginnt ein seltsames Schauspiel. Napoleon und seiner kleinen Schar schließt sich ein Kreis Neugieriger und Begeisterter an, und dieser wunderliche Pilgerzug wird von Dorf zu Dorf größer. Sie ziehen über Pfade, die mühsam zu begehen sind; die Strecke entspricht etwa jener Straße, die hier später angelegt wurde und zum Gedenken den Namen »Route Napoléon« bekam. In Castellane hört der Kaiser zum erstenmal wieder den so lange schmerzlich vermißten Ruf »Vive l'Empereur!«. Widerstand gibt es nirgends. Er hätte auch alles zunichte gemacht, denn Napoleon hatte seinen Soldaten eingeschärft, auf gar keinen Fall zu schießen. Ohne einen Tropfen Blut zu vergießen, will er in Paris einziehen, ein schier märchenhaftes Vorhaben. Ein Problem würde vielleicht die kanonenbewehrte Zitadelle von Sisteron werden, denn von dieser Festung aus läßt sich der schmale Durchgang, den die Durance durch die hohen Felsen gesägt hat, mühelos sperren. Aber seltsam genug: Einen Tag, bevor Napoleon dort eintrifft, waren die Kanonen unter merkwürdigen Vorwänden abgeholt worden, und der Kommandant hatte sie arglos ausgeliefert.

Auf einer Wiese nahe dem Dorf Laffrey stößt Napoleon erstmals auf eine ihm geltende Abwehr. Hier, an dieser Stelle, wird sich nun erweisen, ob die Magie des großen Zauberers noch wirksam ist. Von Grenoble aus, der nächstgelegenen Garnisonstadt, hat man ein Bataillon vom 5. Linien-Infanterie-Regiment hierher abkommandiert. Die Soldaten wissen, was auf sie wartet und vor allem wer, und sind in verständlicher Erregung, die noch zunimmt, als die Gestalt mit der berühmten Silhouette am Horizont sichtbar wird, gefolgt von Soldaten und einer inzwischen auf Tausende angewachsenen Menge. Napoleon befiehlt seinen Truppen, stehenzubleiben und auf gar keinen Fall zu schießen. Dann geht er allein und langsam über die Wiese auf das Bataillon zu, gekleidet in seinen hellgrauen Redingote, den sie alle kennen, den weltberühmten schwarzen Hut auf dem Kopf. Der kommandierende Major befiehlt seinen Männern, die Gewehre zu laden und anzulegen, man hört nur seine Stimme in der absoluten Stille. Immer noch geht der Kaiser den auf ihn gerichteten Gewehrläufen entgegen, dann bleibt er stehen: »Soldaten! Erkennt ihr mich?« Und dann: »Ist unter euch einer, der auf seinen Kaiser schießen will« – und bei diesen Worten reißt er den Mantel auf –, »hier bin ich!«

In diesem Moment befiehlt der Major: »Feuer!« Aber kein Schuß fällt. Mit einem einzigen Aufschrei stürzen die Soldaten auf ihren Kaiser zu, umarmen ihn und heben ihn auf ihre Schultern. Jetzt blickt er nicht mehr in Gewehrmündungen, sondern in tränenüberströmte Gesichter. Er ist wieder da, ihr »Père Violette«, sie haben es gewußt. Denn so ging das Gerücht: Mit den ersten Veilchen kommt ER zurück. Wer aus politischer Vorsicht nicht »Napoleon« oder »der Kaiser« sagen wollte, sprach von »Papa Veilchen«. Nur einer fühlt sich in diesem Augenblick auf der Wiese bei Laffrey als der unglücklichste aller Menschen: der Major, der soeben den Befehl zum Feuern erteilt hatte. Aber natürlich weiß Napoleon, wie ein Kaiser Popularität gewinnt. Das Angebot des Offiziers, seinen Degen entgegenzunehmen, erwidert der Sieger mit großmütiger Geste: Er gibt ihm vor aller Augen die Waffe zurück und umarmt den Mann, der nun gleichfalls in Tränen ausbricht. Eine bewegende Szene, ganz Frankreich wird in Kürze darüber sprechen, so manches Auge wird feucht werden.

Grenoble, die erste Stadt, will sich nicht gleich ergeben, aber die begeisterten Bürger kümmern sich nicht um den Kommandanten, sondern hängen einfach das Stadttor aus. In Lyon möchte Marschall Macdonald Widerstand leisten. Die Garnison gehorcht ihm jedoch nicht und geht geschlossen zu Napoleon über. Hier in Lyon weiß Napoleon, wer er ist, wie er später auf St. Helena zu General Gourgaud sagte: »Von Cannes bis Grenoble war ich ein Abenteurer; in dieser Stadt wurde ich wieder ein Souverän.« Nun steht nur noch eine Streitmacht zwischen Napoleon und Paris, jene Truppen, die König Ludwig XVIII. erst wenige Tage zuvor unter den Befehl von Marschall Ney gestellt hatte. Der hitzköpfige Marschall, am Abend der Schlacht von Borodino von Napoleon zum »Fürsten von der Moskwa« ernannt, hatte wie immer seinen Mund reichlich voll genommen. Er werde, so erklärt er dem König, Napoleon, den er für einen Wahnsinnigen halte, gefangennehmen und in einem eisernen Käfig nach Paris schaffen lassen. Inzwischen aber hatte er erfahren, was in Grenoble und Lyon geschehen war. Was soll er jetzt tun, wenn auch seine Truppen ihm den Gehorsam verweigern würden? Und wenn Napoleon überall mit Jubel empfangen wird, darf dann ein Michel Ney sich dem Schicksal in den Weg stellen? In Lons-le-Saunier erfährt Ney, daß die Bevölkerung von Autun und Dijon die Flagge der Bourbonen eingeholt und die Trikolore aufgezogen hat; die ihm zur Unterstützung seiner vier Regimenter zugesandten Kanonen sind von einer freudetrunkenen Menschenmenge unter dem Ruf »Vive l'Empereur!« in den Fluß gestürzt worden. Ein Kaufmann überbringt Ney die von Napoleon verfaßte Proklamation an die Franzosen, die überall im Land verbreitet wird und die mit den Worten schließt: »Der Sieg wird im Laufschritt vorrücken. Der Adler wird mit den Nationalfarben von Kirchturm zu Kirchturm fliegen bis zu den Türmen von Notre-Dame!« Ney zeigt sich tief bewegt: »So kann heute niemand mehr schreiben... So spricht man zu Soldaten! So rührt man ihre Herzen!« Am Abend dieses Tages – es ist der 13. März – erscheint ein Bote in Neys Hauptquartier und übergibt dem Marschall einen Brief Napoleons: »Mein Stabschef sendet Ihnen die nötigen Befehle. Ich bezweifle nicht, daß auf die Nachricht meines Eintreffens in Lyon hin Ihre Truppen die blau-weiß-rote Fahne aufgezogen haben. Führen Sie Bertrands Befehle aus und treffen Sie mich in Chalons. Ich werde Sie begrüßen wie am Morgen an der Moskwa.« Ja, »so rührt man ihre Herzen«. Der eiserne Käfig ist vergessen. Jubelnd gehen Michel Neys Regimenter zum Kaiser über. Ihn trifft der Marshall am 18. März in Auxerre, und beide Männer fallen einander bewegt in die Arme.

Am 1. März 1815 war Napoleon in Golfe-Juan an Land gegangen, am 20. März zieht er in Paris ein. Kein Schuß war gefallen, kein Tropfen Blut vergossen, so, wie er es versprochen und keiner für möglich gehalten hatte. Die Schlagzeilen der Presse hatten diesen Weg begleitet: »Der Korse ist von der Insel Elba abgereist« (26. 2.); »Bonaparte ist bei Cannes gelandet« (1. 3.); »Der General Bonaparte hat sich der Stadt Grenoble bemächtigt« (4. 3.); »Napoleon ist in Lyon eingezogen« (11. 3.); »Der Kaiser wurde in Auxerre von den Behörden feierlich empfangen« (18. 3.); »Seine Kaiserliche Majestät wird heute, am Geburtstag des Königs von Rom, von den Spitzen des Staates und seinem Hof in den Tuilerien erwartet« (20. 3.).

Es ist eine riesige Menschenmenge, die sich in den Tuilerien versammelt hat. Um neun Uhr abends fährt endlich der Wagen vor. Auf ihren Schultern tragen die Menschen den Kaiser die große Treppe hinauf, seine Augen sind geschlossen, er wirkt wie in Trance; vor ihm geht sein ehemaliger Generalpostmeister Lavalette (er wird es gleich wieder sein) und sagt immerzu nur: »Sie sind's! Sie sind's! Sie sind's!« Aber Napoleon ist nicht der Mann, sich einem Rausch zu überlassen. Er betritt sein Arbeitszimmer, das erst zwanzig Stunden zuvor der König in Richtung Brüssel verlassen hatte, und beginnt sofort mit der Arbeit und ersten Gesprächen. Sein Ziel ist klar: Reorganisation der Armee, aber auf gar keinen Fall Krieg, das will er Europa gleich wissen lassen, Versöhnung im Innern, keine Verfolgung der Royalisten, Reformen und, wenn nötig, neue Gesetze. Vor allem aber: eine neue Verfassung muß jetzt geschrieben werden.

Frankreich ist in den vergangenen zwölf Monaten ein anderes Land geworden. Der junge Oberst La Bedoyère, der die Garnison von Grenoble gegen den erklärten Willen des Kommandanten Napoleon zugeführt hatte, macht dem Kaiser klar, was das Volk von ihm erwartet: »Die Franzosen werden alles für Ew. Majestät tun, aber Ew. Majestät müssen auch für sie alles tun: kein Ehrgeiz mehr, kein Despotismus, wir wollen frei und glücklich sein. Darum muß man auch, Sire, dem System der Eroberung und der Gewalt abschwören, das Frankreich und Ihnen zum Unglück gereichte.« Napoleon stimmt diesen offenen Worten sofort zu. »Wir müssen vergessen«, sagt er kurz darauf zu den Abgeordneten Grenobles, »daß wir die Herren der Welt waren.« Die Frage liegt nahe, ob der Wolf Kreide gefressen habe. Ich glaube es nicht, jedenfalls nicht für 1815. Zwischen Niederlage und Rückkehr liegt ein Jahr. Das erlaubt Napoleon, als ein anderer aufzutreten, ohne sein Gesicht zu verlieren. Er muß jetzt vollendete Tatsachen akzeptieren, für die er zwar selbst verantwortlich gewesen ist, aber das ist vergessen, denn er kann vom schlechten Ruf der Bourbonen profitieren. Frankreich ist im Innern wieder zerstritten. Hier kann er sich als der große Versöhner profilieren, kann Reformen einleiten, neue große Wirtschaftsprogramme initiieren, sich als Wohltäter erweisen. Vielleicht wird er dann nach Jahren der Ruhe an eine Revision der Grenzen denken, bis dahin wird die Armee wieder schlagkräftig sein, wer weiß? Im Augenblick kann er nichts weniger gebrauchen als Krieg, denn der würde das selbstentworfene Bild empfindlich stören. Eine neue liberale Verfassung muß jetzt Frankreich und der

Welt zeigen, daß er dem alten Despotismus abgeschworen hat. Und wie es seiner Art entspricht, fragt er nach dem besten Mann, der ihm diese gewünschte neue Verfassung entwerfen kann. Und da gibt es nur einen: Benjamin Constant. Aber der bekannte Schriftsteller ist ein erklärter Feind Napoleons, ein Freund der Madame de Staël, der Erzfeindin des Kaisers, und er hat in den letzten Tagen noch flammende Artikel gegen Napoleon veröffentlicht, in denen er den Kaiser als »modernen Attila« brandmarkte.

Napoleon interessiert das so wenig wie der »eiserne Käfig« seines Marschalls. Das Volk, eröffnet er dem erstaunten Schriftsteller, sei anders geworden: »Die Neigung für Verfassungen, für Wahlen und Reden scheint wiedergekehrt«, sagt der Kaiser, und Constant traut seinen Ohren nicht, als er vernimmt: »Will das Volk wirklich die Freiheit, so bin ich sie ihm schuldig. Ich bin kein Eroberer mehr, ich kann es nicht mehr sein. Ich weiß, was möglich und was unmöglich ist. Mir bleibt nur noch die Möglichkeit, Frankreich wieder aufzurichten und ihm eine Regierung zu geben, die dem Lande zusagt.«

Aus der engen Zusammenarbeit zwischen Kaiser und liberalem Autor entwickelt sich geradezu ein Vertrauensverhältnis. Statt eines blutdürstenden Attila erlebt Constant einen klugen, gebildeten Mann, der Widerspruch verträgt und sich beraten läßt, für den er allmählich sogar Sympathie empfindet. »Es ist ein erstaunlicher Mann, das muß ich zugeben«, schreibt er in sein Tagebuch. Wie 1806 bei dem Historiker Johannes von Müller, gelingt es Napoleon neun Jahre später bei einem der führenden Köpfe der geistigen Opposition Frankreichs, seinen unwiderstehlichen Zauber zu entfalten und wirksam werden zu lassen.

Schade nur für Napoleon, daß dieser Zauber jenseits der Grenzen nicht wirkt. Europa ist nicht gewillt, diesen Mann noch einmal gewähren zu lassen. So gewiß es ist, daß er jetzt und in nächster Zukunft keine Veränderung der politischen Karte wünscht, so sicher darf wohl auch sein, daß Napoleon auf die Dauer und bei nötigem Erfolg im Innern schließlich doch auch die außenpolitische Revision zu seinen Gunsten eingeleitet hätte, notfalls mit militärischen Mitteln. Davon jedenfalls sind die Alliierten überzeugt. Für sie bedeutet die Rückkehr Napoleons geradezu zwangsläufig auch die Wiederbelebung revolutionärer Ideen, und eben diese braucht ein Europa, das als politischen Idealzustand die Friedhofsruhe anstrebt, am allerwenigsten. Nein, je schneller dieser unberechenbare Mensch verschwindet, desto besser. Also werden wieder die Armeen in Marsch gesetzt. Frankreich muß wissen: Napoleon bedeutet Krieg, auch wenn er vom Frieden spricht.

So bleibt dem Kaiser nichts anderes übrig, als sich wieder auf Krieg einzustellen, den er nicht gewollt hat. Die französische Armee ist in schlechtem Zustand, desorganisiert, ungenügend ausgerüstet, unzureichend bewaffnet. Aber mit ihr versetzt er der preußischen Armee Blüchers bei Ligny in Belgien einen fast vernichtenden Schlag, der die Preußen fünfundzwanzigtausend Tote und Verwundete kostet (Franzosen: elftausendfünfhundert). Am selben Tag, nur elf Kilometer entfernt, attackiert Marschall Ney die Truppen Wellingtons bei Quatre Bras und zwingt sie zum Rückzug auf vorbereitete Stellungen bei Mont St. Jean. Den folgenden Tag nutzen beide Seiten, ihre Truppen zu sammeln. Schwere Regenfälle verhindern weitergehende militärische Aktivitäten. Da es auch in der Nacht geregnet hat, ist der Boden so aufgeweicht, daß die schweren Geschütze kaum voranzubringen sind. So kann die Schlacht am 18. Juni – genannt nach Wellingtons weit hinter der Front liegendem Hauptquartier, dem Dorf Waterloo – erst mittags beginnen, als der Boden einigermaßen trocken geworden ist. Mit dieser Verspätung beginnt bereits Napoleons Niederlage, denn dadurch gewinnen die Briten die Zeit, Napoleons Kräfte so lange zu binden, bis die zugesagte Hilfe Blüchers zur Stelle ist. Gegen die doppelte Stärke der britisch-preußischen Armee kann auch ein Napoleon nicht gewinnen, der zudem den verhängnisvollen Fehler begangen hatte, die Preußen, die er für völlig geschlagen hielt, nicht einzukalkulieren. Aber letztlich wird Waterloo darum zur Katastrophe für die Franzosen, weil deren Armee den unerschütterlichen Glauben verloren hat. Daß Generalstäbler mit geheimen Papieren in der Nacht zu den Engländern übergelaufen sind, hat schon einen sehr verstörenden Eindruck gemacht. Daß die am frühen Nachmittag in der Flanke anrükkenden Truppen nicht die Reserven sind, die der

Kaiser versprochen hatte, sondern die Avantgarde Blüchers, kann nur auf Verrat zurückzuführen sein. Der Aufschrei »Wir sind verraten!« gibt das Signal zu Panik und Massenflucht, die sich in dem Augenblick zu einem allgemeinen Chaos entwickelt, als auch die Garde flieht. Diese Elitesoldaten, die sich lieber in Stücke hacken ließen, als auch nur einen Fußbreit zu weichen, fliehen zu sehen, muß so manchem tapferen Grenadier wie der Beginn des Jüngsten Tages erschienen sein. Nur eine kleine Abteilung der Garde kämpft, bis ihr die Munition ausgegangen ist, und opfert sich lieber, als die Waffen zu strecken.

Das vielzitierte Wort »Die Garde stirbt, doch sie ergibt sich nicht« ist allerdings an diesem Tage nie gesprochen worden. Es floß viele Jahre später aus der Feder eines französischen Journalisten. Der Tag von Waterloo bot wenig Anlaß zu heroischer Erbauung: Dreiunddreißigtausend Franzosen waren gefallen, verwundet oder in Gefangenschaft geraten, zweiundzwanzigtausend Briten und Preußen tot oder verwundet. Wie viele Opfer die wütende, buchstäblich gnadenlose Verfolgung durch die Preußen noch gekostet hat, ist nicht bekannt; diese wahre Hetzjagd sprengt die Reste der geschlagenen Armee vollends auseinander. Napoleon selbst entgeht nur knapp der Gefangennahme, was seinen sicheren Tod bedeutet hätte, denn Blücher ist fest entschlossen, Napoleon, den die Alliierten am 27. März in Wien für geächtet erklärt hatten, standrechtlich erschießen zu lassen.

Der Kaiser, so müde und apathisch, wie man ihn noch nie erlebt hatte, wußte, daß sein Schicksal besiegelt war – und dieses Mal endgültig. Er dankte zugunsten seines Sohnes jetzt zum zweitenmal ab und ergab sich am 15. Juli in Rochefort den Engländern. Noch einmal versuchte er die große Geste. Dem britischen Prinzregenten schrieb er: »Königliche Hoheit, den Parteien ausgesetzt, die mein Land zersplitterten, und der Feindschaft der europäischen Mächte überliefert, habe ich meine politische Laufbahn beendet und komme, wie Themistokles, im Lande des britischen Volkes eine Zuflucht zu suchen. Ich stelle mich in den Schutz Ihrer Gesetze und bitte Eure Königliche Hoheit als den mächtigsten, beständigsten und großmütigsten meiner Feinde, ihn mir zu gewähren.«

Aber Großbritannien hatte sich in Wien verpflichtet, den Gestürzten nach St. Helena zu deportieren, der Prinzregent konnte also gar nicht Napoleons Bitte entsprechen. Es schien auch sonst riskant zu sein, ihn auf der britischen Insel zu internieren, denn als das Schiff mit dem entmachteten Kaiser an der Reede von Plymouth vor Anker ging, bereitete eine riesige Menschenmenge Napoleon einen begeisterten Empfang. »Bonny« war populär. Auch auf der Fahrt nach St. Helena bemerkten die britischen Offiziere zuerst mit Erstaunen, dann aber mit wachsender Besorgnis, wie beliebt Napoleon bei den Matrosen und Seesoldaten war. Er unterhielt sich mit ihnen, exerzierte mit ihnen, ja lud sie sogar zum Essen ein.

Sankt Helena, »petite isle«, hatte der junge Bonaparte einst ins Schulheft geschrieben. Am 17. Oktober 1815 erreichte die *Northumberland* mit Napoleon und seinem Gefolge an Bord die Reede von Jamestown, der einzigen Stadt auf dem Felseneiland im Südatlantik. Die Insel, bewohnt von etwa zehntausend Menschen aller Rassen und Hautfarben, diente den Schiffen, die ums Kap der Guten Hoffnung fuhren, als Anlaufstelle, um Frischwasser aufzunehmen. Da das Quartier in Longwood, das den Verbannten aufnehmen sollte, noch nicht fertiggestellt war, kam der Kaiser bei der Familie Balcombe für die ersten zwei Monate unter; erst am 10. Dezember bezog er sein letztes Domizil: Longwood House. Zu seiner Begleitung zählte ein Gefolge von rund fünfzig Personen, darunter die Generale Bertrand, Gourgaud und Montholon, wobei Bertrand und Montholon ihre Familien mitgebracht hatten. Neben dem Dienstpersonal hatte sich ein bislang kaum in Erscheinung getretener Kammerherr Napoleons eingefunden: Emmanuel Augustin Dieudonné Graf von Las Cases. Für Napoleon erwies sich dieser Mann seines Vornamens Dieudonné würdig. Denn er zeigte sich in der Tat als ein Gottesgeschenk. Er schrieb täglich auf, was geschah und wovon er erfuhr. Vor allem aber zeichnete er als getreuer Eckermann jedes Wort auf, das von des Kaisers Lippen kam, und deren waren viele. Nicht nur, daß Napoleon ihm und anderen aus der Umgebung Kapitel seiner Memoiren diktierte, er äußerte sich auch zu allen Dingen des Lebens und ganz besonders zu denen der Politik, wohl wissend, daß sie alle diese goldenen Worte der Nachwelt zur Kenntnis bringen würden. Als Las Cases genug gehört und aufgeschrieben hatte, lieferte er einen Vorwand, damit ihn Sir Hudson Lowe, der britische Gouverneur der Insel, im November 1816 auswies.

»Gelitten unter Hudson Lowe« heißt es bei Heine, das christliche Glaubensbekenntnis nachempfindend. Die Napoleon-Legende hat diesen Verwaltungsbeamten zum Kerkermeister stilisiert, zur bösartigen Kreatur mit sadistischen Zügen. Zuviel der Ehre. Hudson Lowe hatte nicht einmal das Zeug zum Erzbösewicht. Er stellte vielmehr den Typus des verantwortungsscheuen und gänzlich phantasielosen Beamten dar, ein kleinlicher Pedant von biederer Dümmlichkeit. Und wenn er Napoleon das Leben schwermachte, geschah das nicht, um ihn vorsätzlich zu schikanieren und bewußt zu quälen, sondern aus Angst vor einem Mann, dem er sich tief unterlegen fühlte. England hatte Napoleons selbstverliehene Kaiserwürde nie anerkannt, also gab es für Lowe nur »der General Bonaparte«. Sendungen nach St. Helena, adressiert an den »Kaiser Napoleon«, ließ Lowe nicht zustellen, sondern zuweilen auch mit dem Vermerk »Empfänger unbekannt« zurückgehen. Als eine britische Verehrerin eine Eismaschine auf die Insel schickte (sie hatte gehört, daß Napoleon leidenschaftlich gern Eis aß), bedurfte es monatelanger Unterhandlungen, bis Lowe das Präsent freigab. Die täglichen Kontrollen wurden Napoleon schließlich so verhaßt, daß er nicht mehr spazierenritt, auch nicht mehr im Garten arbeitete, was er zunächst besonders gern getan hatte. Als Lowe daraufhin ankündigte, die Zimmer des Hauses zu inspizieren, um sich von Napoleons Anwesenheit zu überzeugen, drohten ihm die Franzosen mit tätlichem Widerstand. Zwar gab es nicht die geringste Möglichkeit, von der Felseninsel, die von einem ganzen britischen Flottengeschwader bewacht wurde, zu entfliehen, aber Sir Hudson Lowe traute Napoleon alles zu.

Aber nicht nur die Pedanterie des ängstlichen Gouverneurs machte dem Verbannten das Leben sauer; nicht minder trugen die notorischen Querelen in seiner Umgebung dazu bei. Eifersucht und lächerliches Kompetenzgerangel bestimmten den Alltag, einer haßte den anderen, und alle ersehnten den Tag, an dem sie diesem Felsen mit seinem mörderischen Klima entkommen würden. Sie warteten also auf Napoleons Tod. Seine Gedanken und Ansichten kannten sie längst und hatten sie zur Genüge auch zu Papier gebracht, der Alltag bot keinerlei Abwechslung, Neuigkeiten erfuhr man selten – wem wollte man es verargen, davon zu träumen, eines möglichst nicht allzu fernen Tages aus dieser Vorhölle der Langeweile erlöst zu werden? Napoleon hatte recht, als er zu Las Cases sagte: »Mein Los ist im Widerspruch mit dem vieler anderer Menschen. Gewöhnlich erniedrigt sie ihr Fall; der meinige hat mich unendlich erhoben. Jeder Tag befreit mich mehr von dem Anstrich des Tyrannen, des Mörders, des Grausamen.«

Über das Leben Napoleons auf St. Helena informierte Las Cases 1818 die Öffentlichkeit; ihm folgte kurz darauf der irische Schiffsarzt O'Meara, den Sir Hudson Lowe von der Insel hatte jagen lassen, als er merkte, daß der Arzt der Royal Navy Napoleons Vertrauen besaß. Für den Gouverneur wäre es gescheiter gewesen, O'Meara weiterhin zu dulden. Denn mochte Las Cases als Franzose noch der napoleonischen Agitation verdächtig sein, einem britischen Militärarzt konnte die englische Öffentlichkeit die Glaubwürdigkeit nicht absprechen. Das Mitleid mit Napoleon und die Verachtung Sir Hudson Lowes wuchsen, ganz besonders in Großbritannien.

Als Napoleon Bonaparte am 5. Mai 1821 starb, lagen knapp fünf Jahre des Exils hinter ihm und fünf Jahre auch schweren physischen Leidens. Die genaue Todesursache liegt im dunkeln. Der Obduktionsbefund schließt den bis heute immer wieder genannten Magenkrebs mit Sicherheit aus; eher ließe sich ein durchgebrochenes Magengeschwür denken. Seit einigen Jahren gibt es auch die Hypothese, der Kaiser sei durch eine chronische Arsenvergiftung planmäßig umgebracht worden. Wahrscheinlich werden wir es nie genau wissen. Sicher scheint mir nur zu sein, daß die körperlichen Leiden des zu völliger Untätigkeit Verdammten stets vor dem Hintergrund seiner seelischen Qualen gesehen werden müssen, die nur der Tod lindern konnte.

Am 5. Mai 1821 hatte sich auf St. Helena ein Kapitel der Weltgeschichte vollendet.

DIVO NAPOLEONI MAGNO. IMP. ET. REGI. VICTORI
INVICTO GENTIUMQ PROTECTORI . P.P.

91 Einzug Napoleons in Düsseldorf am 3. November 1811. Kupferstich von J. Petersen (1811). Düsseldorf, Heinrich-Heine-Institut.
Augenzeuge war der vierzehnjährige Harry (Heinrich) Heine, auf den Napoleons Erscheinung den tiefsten Eindruck machte. Die Darstellung im »Buch Le Grand« (1827) verlegt das Ereignis ins Frühjahr und stilisiert es verklärend zu einem zweiten Einzug Christi in Jerusalem: »Aber wie ward mir erst, als ich ihn selber sah, mit hochbegnadigten, eigenen Augen, ihn selber, Hosiannah! den Kaiser.«

92

93

94

95

92 Zum Gedächtnis an seine Siege ließ Napoleon schon 1800 vor den Tuilerien nach römischem Vorbild einen Triumphbogen errichten, den die Architekten Pierre Fontaine und Charles Percier entwarfen. Aquarell von Charles Percier (1815). Paris, Bibliothèque Nationale
93 Die Galerie des Palais Royal war der beliebte Treffpunkt für die Grisetten und ihre Liebhaber. Gemälde von Louis-Léopold Boilly. Paris, Musée Carnavalet **94** Disziplin beginnt in der Schule, die unter Napoleon nach einem straff zentralisierten System gegliedert wurde. Die Schüler trugen eigene Uniformen. Zeitgenössische Darstellung
95 Bürgerliche Gesellschaft, im Mittelpunkt stets der Spieltisch. Kupferstich von François-Joseph Bosio. Paris, Musée Carnavalet

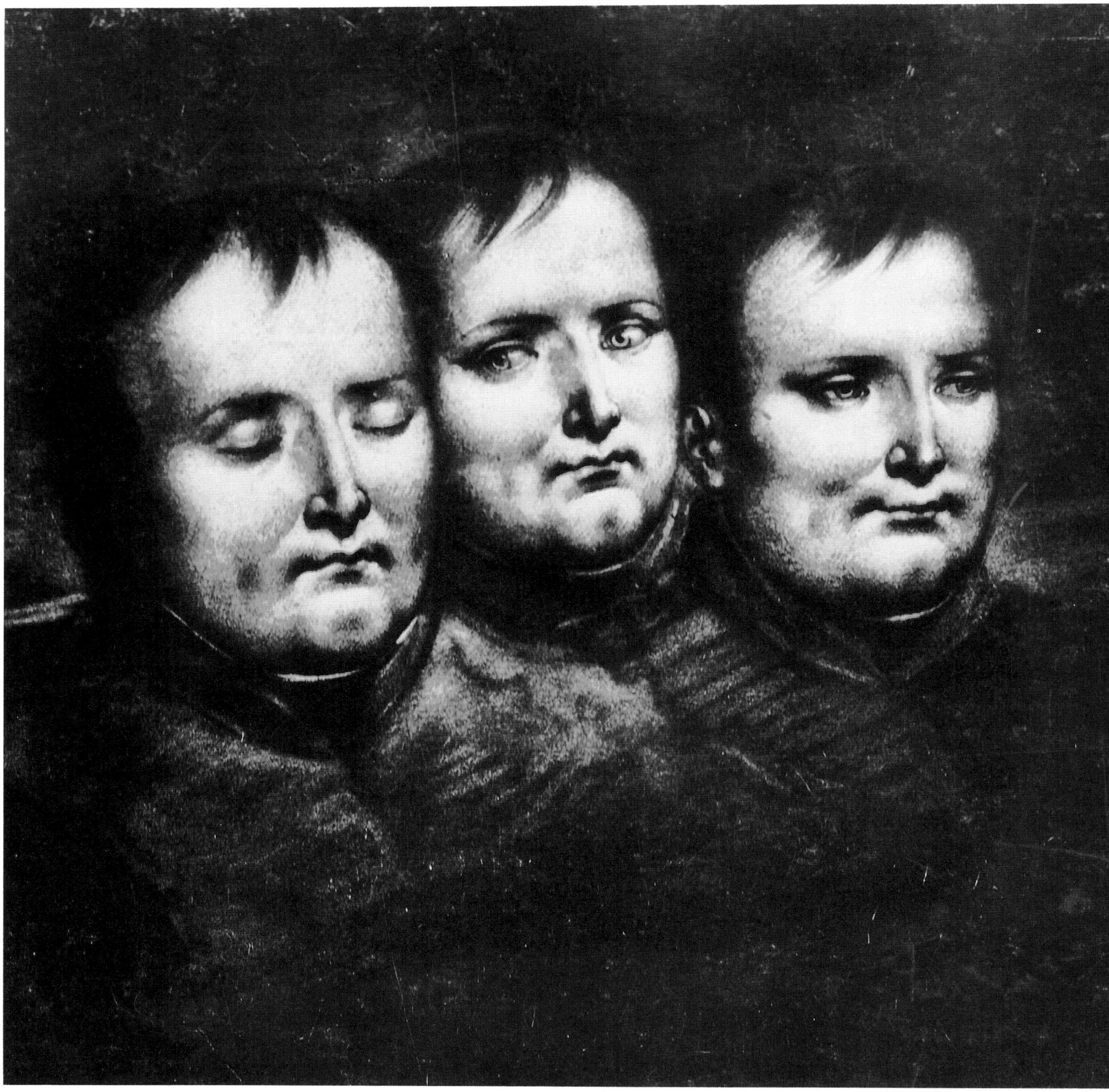

97

96 Napoleon im Theater von St. Cloud am 13. April 1812. Zeichnung von Anne-Louis Girodet-Trioson. Collection Comte de Dreux-Brézé
97 Illumination zu Ehren Napoleons und Franz I. von Österreich am 18. Mai 1812 in Dresden. Aquarellierte Federzeichnung eines unbekannten Künstlers. Dresden, Museum für Geschichte

98 99

98 Die Beresina. Bei der Überquerung des Flusses bei Studianka vom 26. bis 29. November 1812 auf ihrem Rückzug erlitt die Grande Armée schwere Verluste. Allerdings konnten die verfolgenden russischen Truppen, die erst am dritten Tag die Stelle des Übergangs entdeckten, nicht verhindern, daß Napoleon mit seiner Garde völlig unbehelligt das andere Ufer des hier 108 Meter breiten Flusses erreichte. Doch nicht alle entkamen, etwa 13 000 gerieten in russische Gefangenschaft, vielfach unbewaffnete Nachzügler, Verwundete, Kranke, Frauen und Kinder, von denen fast keiner überlebte.
99 Der damals sechsundzwanzigjährige Albrecht Adam aus Nördlingen nahm im Gefolge von Eugène de Beauharnais, des »Vizekönigs von Italien«, dessen Hofmaler er 1810 geworden war, am Rußlandfeldzug teil und malte dabei sein Selbstbildnis. München, Stadtmuseum

100

Der württembergische Artillerie-Offizier
Christian Wilhelm von Faber du Faur hat als
Augenzeuge mit dem Zeichenstift die
Stationen des Rußlandfeldzugs von 1812 festgehalten
und von 1831 bis 1843 die Bleistiftskizzen zu
Lithographien ausgearbeitet, die das Elend jenes Feldzugs
in präziser Beobachtung überliefern.
100 17. September 1812: Die Brücke über die Kolotscha
bei Borodino. **101** 30. August 1812: In Wiasma.
Während des Vorbeimarschs seiner Truppen unterhält sich
Napoleon mit einem russischen Edelmann.
102 17. September 1812: Hinter Borodino an der
großen Straße nach Moskau. **103** 24. September 1812:
Das von den Russen niedergebrannte Moskau.
104 19. Oktober 1812: Am Tor von Kaluga in Moskau –
Napoleon tritt den Rückzug an.
105 12. November 1812: In der Vorstadt von Smolensk.
Württembergische Kanoniere vernageln ihre
Kanonen, die sie zurücklassen müssen, weil es keine
Zugpferde mehr gibt. **106** 3. Dezember 1812:
In der Gegend von Smorgony.
Reste der Grande Armée. Privatsammlung

101

104

102

105

103

106

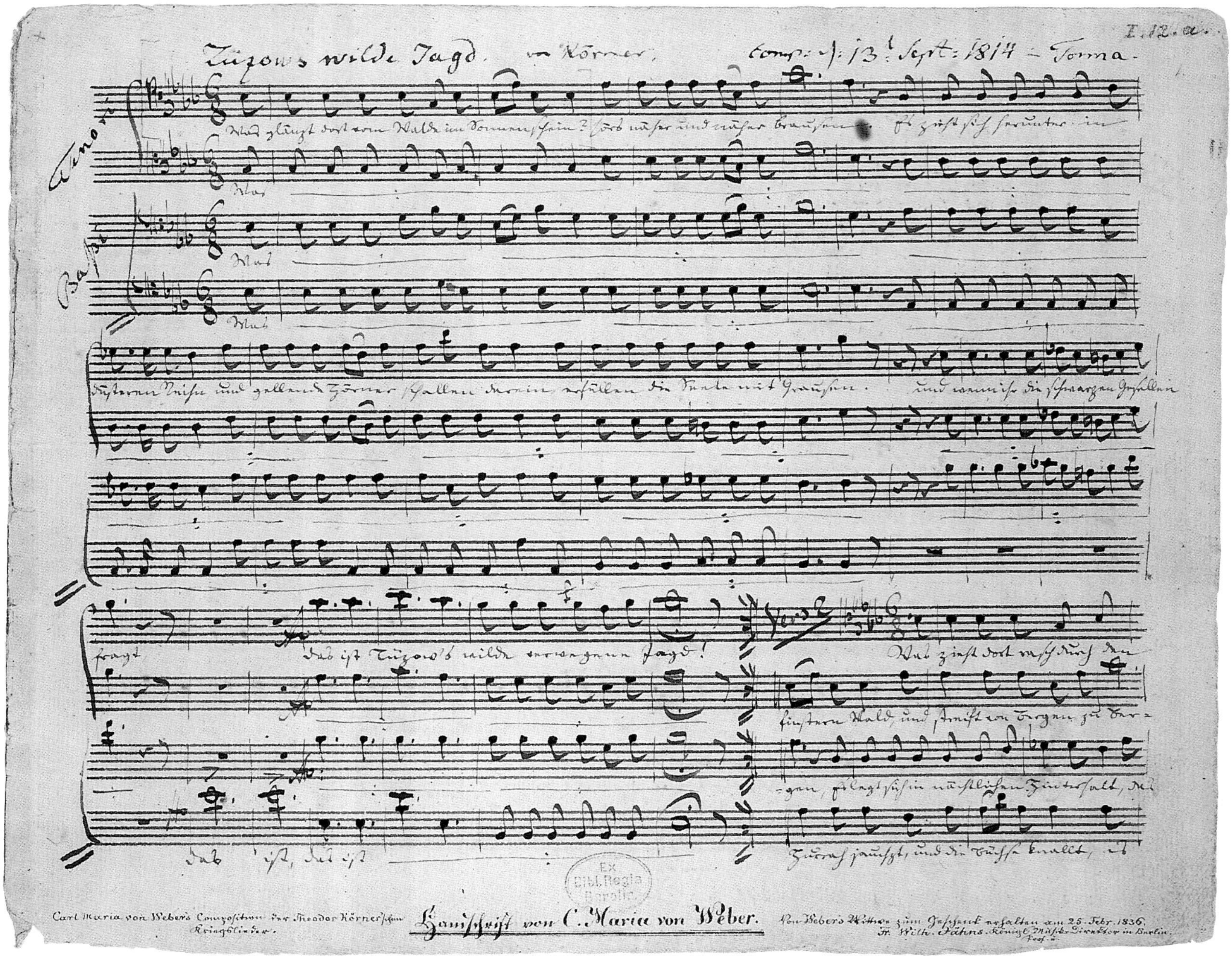

107

Propaganda mit Musik. Die Lieder Theodor Körners, der mit 22 Jahren als Angehöriger des Lützowschen Freikorps fiel, waren 1813 sehr populär, vor allem sein Lied von »Lützows wilder, verwegener Jagd«. Da aber die Leistungen der Lützower weit hinter den Erwartungen zurückblieben, die sie selbst wortreich geweckt hatten, spottete der Volksmund schon bald über »Lützows stille, verlegene Jagd«. **107** »Lützows wilde Jagd« in der Vertonung von Carl Maria von Weber. Handschrift des Komponisten. Berlin/DDR, Deutsche Staatsbibliothek **108** Auch Ludwig van Beethoven beteiligte sich an den damals aufkommenden Schlachtensymphonien. Sein »Wellingtons Sieg«, uraufgeführt am 8. Dezember 1813 in Wien, begeisterte die Zeitgenossen. Titelblatt der Erstveröffentlichung. Berlin/DDR, Deutsche Staatsbibliothek **109** Eine Partiturseite aus »Wellingtons Sieg« in der Handschrift Ludwig van Beethovens. Berlin/DDR, Deutsche Staatsbibliothek

WELLINGTONS SIEG
oder
die Schlacht bey Vittoria
Für das Piano = Forte
von
Ludwig van Beethoven
91tes Werk.
Eigenthum der Verleger.
Wien im Verlag bey S.A. Steiner und Comp.
so wie auch zu haben:
in Leipzig bey Breitkopf und Härtel _ C.F. Peters _ Fr. Hoffmeister,
Bonn, bey N. Simrock _ Offenbach, bey J. Andrä _ Zürch, bey Nägeli & Comp. _ Ettwill, bey C. Zulehner _ und in
den Musikhandlungen zu Augsburg _ Berlin _ Braunschweig _ Frankfurth _ Hamburg _ München _ Mayland _ Neapel _ Stuttgardt.
No. 2361.
Preis

108

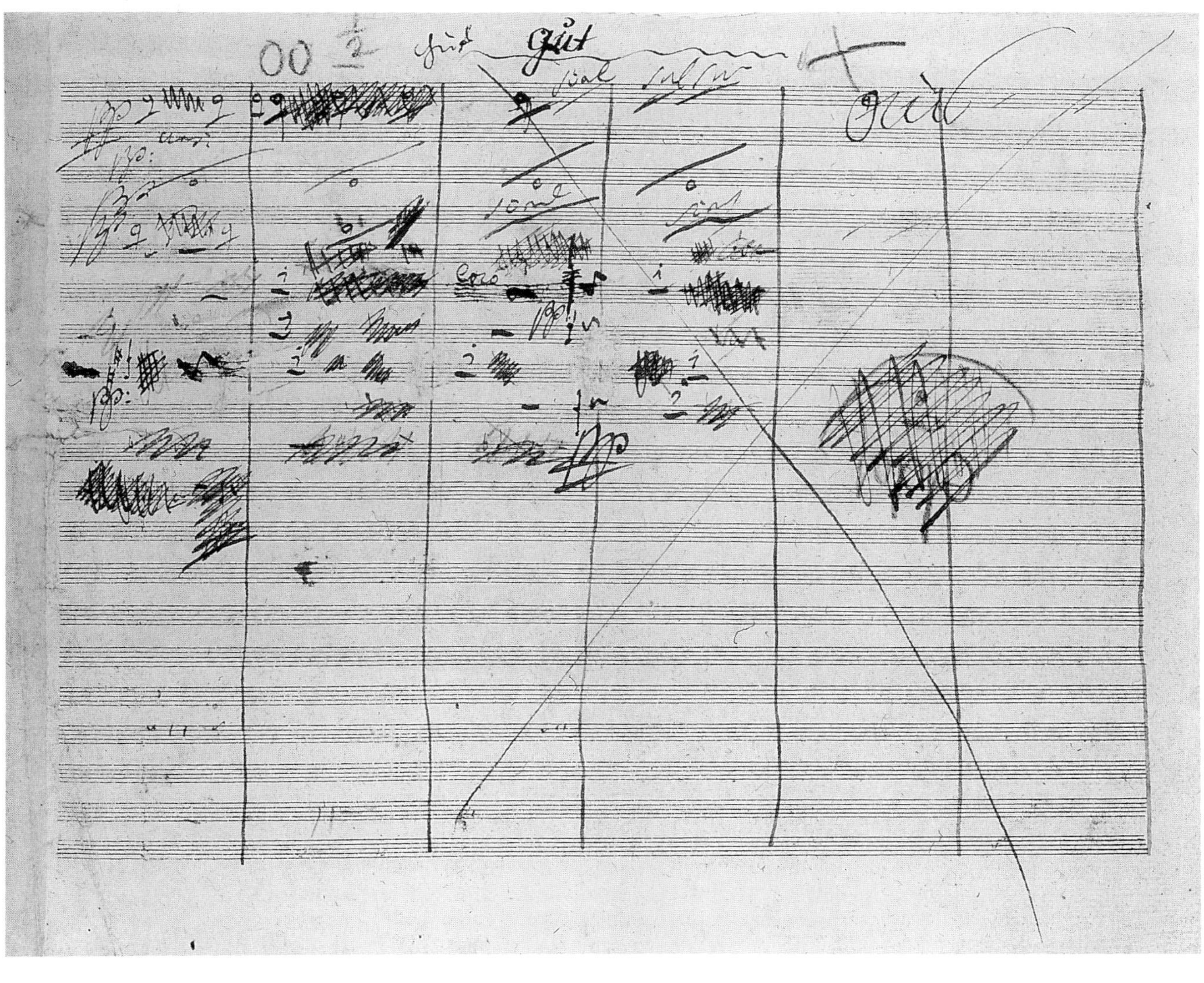

109

110

111

Der Krieg der Karikaturisten. Die politische Karikatur fand erst in der Epoche Napoleons ihre große Verbreitung; in den deutschen Staaten entstand sie – nach englischem Vorbild – 1813. Zu den Zeichnern gehörte auch der Berliner Bildhauer Johann Gottfried Schadow.

110 Als »La retraite de la renommée« (Rückzug des Ansehens) verspottete Schadow den Rückzug aus Rußland. Dresden, Kupferstichkabinett

111 »Emparez Vous de Berlin« (nehmt Berlin) – aber dazu war es schon zu spät. Dresden, Kupferstichkabinett

112 Triumph des Jahres 1813. Kupferstich und Flugblatt von Johann Michael Voltz (1814). Das in der Manier Arcimboldis aus Leichen zusammengesetzte Profil Napoleons war die meistreproduzierte Napoleon-Karikatur Europas. Über den Verhaßten informiert ein erläuternder Text.

Pub.d by R. Ackermann, 101 Strand London.

NAPOLÉON

Le Premier et le **Dernier, par la** colère de Dieu, Empereur des Jacobins, **Protecteur** de la Confédération des **Brigands**, Médiateur **de la Ligue Infernale**, **Grand**'-Croix de la Légion d'Horre**ur**, **Commandant** en **Chef** des Squelettes laissés à Mosco**u**, **Smolensk**, **Wilna**, Leipzick, &c., Premier Coureur **des Fuyards**, **Faux-Grand-Prêtre** du Sanhédrin, Faux-Prop**hête des Musulmans**, Fausse Colonne de la Foi des **Chrétiens**, **Inventeur** de la Méthode Syrienne de disposer **de ses Malades** par des Potions Soporifiques, ou de ses **Prisonniers par la Baïonnette**, Premier Fossoyeur pour **enterrer les Vivans**, Geolier en Chef du Saint-Père et du **Roi d'Espagne**, **Destructeur** de Couronnes, et **Manufacturier de** Comtes, **Ducs**, Princes et Rois; Douanier en **Chef** du Système Continental, Grand Boucher des Toulonai**s et des Parisiens**, Assassin de Hoffer, Palm, Wright, **Pichegru**, **Toussaint**, de son propre Prince le noble et **vertueux** Duc d'Enghien et de mille autres, Embaucheur d'Ambassadeurs, Grand-Amiral des Prames d'Invasion, Echanson des Poisons de Jaffa, Archi-Chancelier des Chiffons dits Traités, Archi-Trésorier du Pillage du Monde, **Pédant** Sanguinaire, Académicien Incendiaire, et Petit-**Maître** Assassin . . . . . .

FAITES LA PAIX AVEC LUI!!!

Ce Portrait hiéroglyphique du **Destructeur** est fidelement copié d'une Gravure Allemande, ainsi que la Parodie de ses prétendus titres. Le *Chapeau* de l'**Exterminateur** est formé par une Aigle Française, mutilée et couchée, après son Conflit avec les Aigles du Nord. Son *Visage* est composé des Cadavres des Victimes de sa Sottise et de son Ambition, qui ont péri dans les Plaines de Russie et de Saxe. Autour du *Col* il a la ***Mer-Rouge***, par allusion à ceux de ses Soldats qui ont été noyés. Son Epaulette est une ***Main*** qui dirige la Confédération du Rhin sous le fragile Emblème d'une ***Toile d'Araignée***. ***L'Araignée*** que l'on voit dans la Plaque est le Symbole de la Vigilance des Alliés, qui ont infligé sur cette Main une Piqûre mortelle.

PUBLISHED AT R. ACKERMANN'S, 101, STRAND, LONDON.

Napoleon

Der Erste und Letzte, durch Gottes Zorn erwählter Kayser **der Jacobiner**, Beschützer des Sanskulotten Bundes, Ver**mittler** aller zum Hochverrath verschwornen Sippschaften, **Großkreuz** der Verheerungs-Legion, Ritter vom eisernen **Joche**, **General** en Chef aller in Egypten, Pohlen und **Deutschland** im **Stich** gelassener Armeen, Großläufer bey Seiner Excellenz **dem** Grafen von Fersengeld, wie auch **wohlbestellter Hoftrompeter** und Bulletinist erlogener Siege. **Hofbaumeister aller** in Spanien errichteten Luftschlösser, **Brückenmeister zu** Lobau und Lindenau, Hoherpriester der **Göttin der Vernunft**, Erzrabbi des Sanhedrim's, Großmufti **der Musselmänner, und** Concordatenflicker des römisch-katholischen **Glaubens**, Sr. Päbstlichen **Heiligkeit**, wie auch des **Königs** von Spanien wohlbestallter **Kerkermeister**, Erfinder des Syrischen Heilmittels das Winzeln der Verwundeten **und Kranken** auf ewig zu stillen, wie **auch** des zu Jaffa **erprobten Geheimnisses**, feindliche Gefangene durch bleyerne Pillen **unschädlich** zu machen, erster Todtengräber der Lebendigen, Zerstörer **von** Thronen, und fleißiger Fabrikant von Grafen, Herzogen, Fürsten und Königen, Chef-Douanier des Kontinentalsystems, General-Superintendent der Pariser und Touloner Massacre, Auftaperer von Gesandten, Anspacher Neutralitäts-Inspekter, Erzkanzler meineidiger Traktate, Hochadmiral der Boulogner Invasions-Praams, Erzkämmerling und Schatzbewahrer der geplünderten Welt, Mundschenk des **Giftbechers** zu Jaffa, Ermorder des patriotischen Hoffers, des **redlichen** Palm, des tapfern Wrights, des großen Pichegru, ja seines eigenen Prinzen, des edlen Herzogs von Enghien und tausend anderer; der blutdürstige Hannswurst, Meuchelmörder und Mordbrenner

mit dem

Der sicherste Friede zu machen ist!

Dies hieroglyphische Brustbild des Zerstörers ist nebst der Parodie seiner angenommenen Titel von einen deutschem Kupferstiche treulich abgedruckt. Der Hut des Zerstörers wird durch den überwundenen französischen Adler gebildet, wie er nach den Gefechten mit den nordischen Adlern sich niederdrückt. Sein Gesicht ist aus den Leichnamen derer zusammengesetzt welche als Opfer seiner Thorheit und seines Ehrgeizes in den Ebenen von Rußland und Sachsen fielen. Seine Kehle wird vom Rothem Meer umflossen, eine Anspielung auf das Ersäufen seiner Truppen. Sein Epaulet ist eine Hand, welche unter dem angemessenem zerreißbarem Symbol eines Spinne-Gewebes den rheinischen Bund leitet und die Spinne ist das Symbol der Wachsamkeit, welche dieser Hand einen tödlichen Stich beygebracht hat.

113

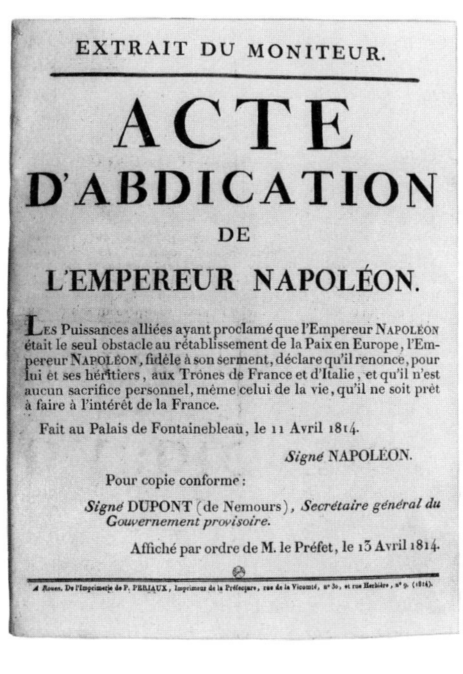

EXTRAIT DU MONITEUR.

ACTE D'ABDICATION DE L'EMPEREUR NAPOLÉON.

Les Puissances alliées ayant proclamé que l'Empereur Napoléon était le seul obstacle au rétablissement de la Paix en Europe, l'Empereur Napoléon, fidèle à son serment, déclare qu'il renonce, pour lui et ses héritiers, aux Trônes de France et d'Italie, et qu'il n'est aucun sacrifice personnel, même celui de la vie, qu'il ne soit prêt à faire à l'intérêt de la France.

Fait au Palais de Fontainebleau, le 11 Avril 1814.

Signé NAPOLÉON.

Pour copie conforme:

Signé DUPONT (de Nemours), *Secrétaire général du Gouvernement provisoire.*

Affiché par ordre de M. le Préfet, le 13 Avril 1814.

A Rouen. De l'Imprimerie de P. PERIAUX, Imprimeur de la Préfecture, rue de la Vicomté, nº 30, et rue Herbière, nº 9. (1814).

114

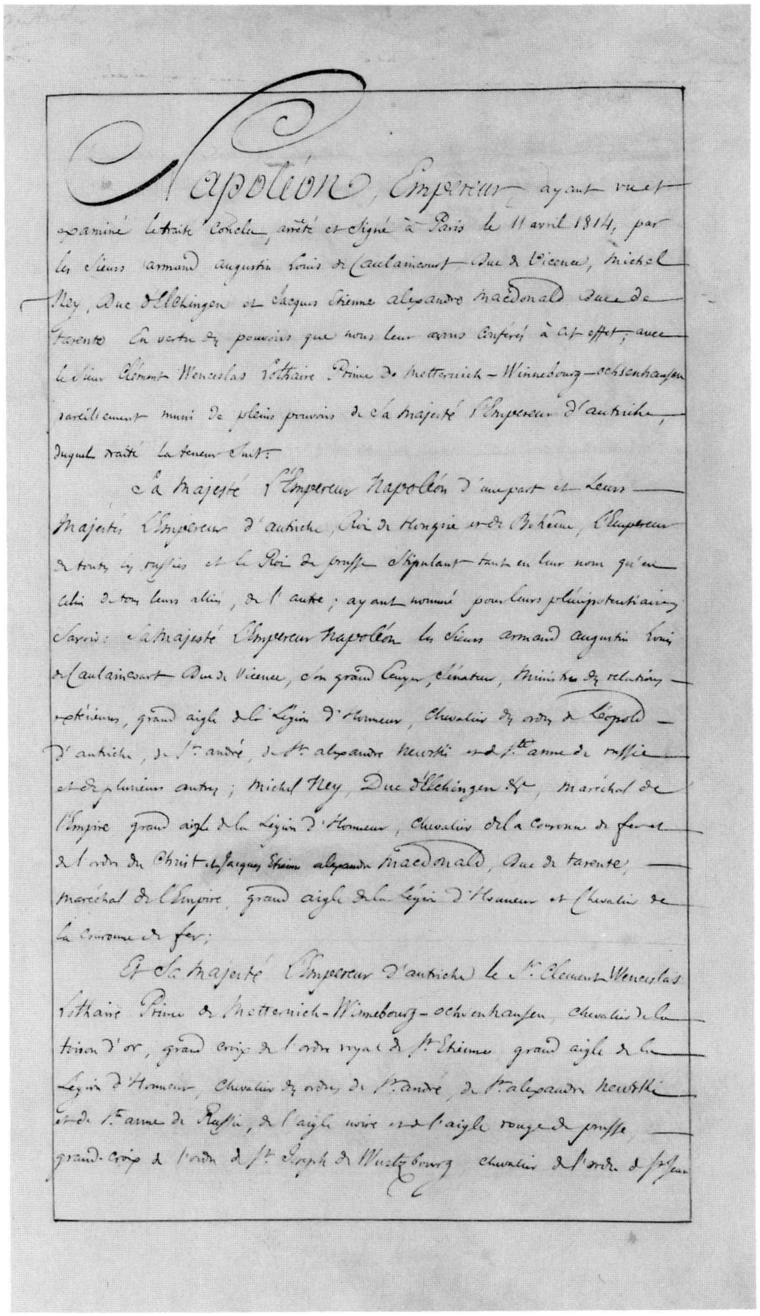

115

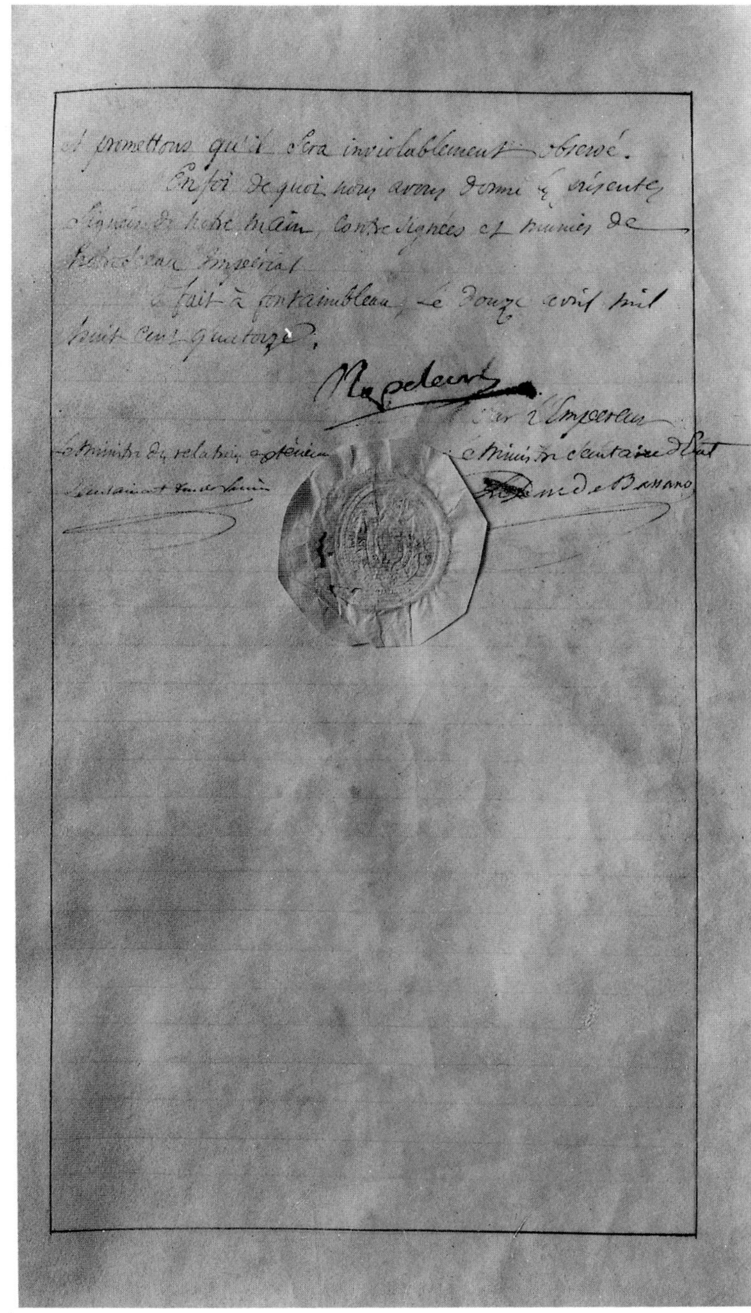

et promettons qu'il sera inviolablement observé.
En foi de quoi nous avons donné les présentes signées de notre main, contresignées et munies de notre sceau Impérial.
Fait à Fontainebleau le douze avril mil huit cent quatorze.
Napoleon
Par l'Empereur
Le Ministre des relations extérieures
Le Ministre secrétaire d'état
Duc de Bassano

116

113 »Die beiden Könige des Schreckens«.
Karikatur von Thomas Rowlandson vom 1. Januar 1814.
Paris, Collection du Vinck
114 Extrablatt des Pariser »Moniteur« mit der Meldung über die Abdankung Napoleons am 11. April 1814
115 Abdankungsurkunde Napoleons vom 12. April 1814, erste Seite. Wien, Haus-, Hof- und Staatsarchiv
116 Abdankungsurkunde Napoleons vom 12. April 1814, letzte Seite. Wien, Haus-, Hof- und Staatsarchiv

117

117 Aufbruch Napoleons von Golfe-Juan, wo er am 1. März 1815 landete. Französische Radierung (1815) **118** König Ludwig XVIII. flieht am Abend des 19. März 1815 aus Paris. Zeitgenössische Darstellung **119** Die Bevölkerung von Grenoble bringt Napoleon die Trümmer des von ihr zerstörten Stadttors am 7. März 1815: »In Ermangelung der Schlüssel der guten Stadt Grenoble übergeben wir Eurer Majestät die Tore selbst.« Populäre Darstellung der Zeit. Paris, Bibliothèque Nationale

118

119

120 Die Ankunft Napoleons am Abend des 20. März 1815 vor den Tuilerien in Paris. Lithographie von Pierre Martinet. Fünf Jahre später erinnerte sich der Staatsrat Fleury de Chaboulon an diesen Augenblick: »Am 20. März, nachmittags 2 Uhr, reiste Napoleon nach Paris ab. Er kam jedoch erst um 9 Uhr abends in der Hauptstadt an. Diese Verspätung verursachte die große Menge, die sich auf seinem Wege angesammelt hatte, und die Generale und Truppen, die ihm entgegengeeilt waren, um ihn zu beglückwünschen. Kaum war er in Paris angekommen, als er von tausend Händen gefaßt und im Triumphe davongetragen wurde. Es war rührend zu sehen, wie die große Menge von Offizieren und Generalen Napoleon in die Gemächer der Tuilerien folgte. Sie waren glücklich, nach so vielen Wechselfällen, Demütigungen und Unannehmlichkeiten doch den Sieg davongetragen zu haben; daher vergaßen sie die Würde des Ortes und gaben sich ohne Zwang dem Bedürfnis hin, ihre Freude und ihr Glück auszudrücken. Sie umarmten sich gegenseitig immer wieder.«

121

122

123

124

125

Waterloo, Napoleons letzte Schlacht am 18. Juni 1815, beendete seine politische Laufbahn; sie war angesichts der erdrückenden britisch-preußischen Überlegenheit von Napoleon nicht zu gewinnen. Selbst ein Sieg hätte die Herrschaft des Kaisers nur um einige Wochen verlängern können.

121 Am Abend des 18. Juni 1815 trafen sich Wellington und Blücher, die Sieger, um Viertel nach neun Uhr beim Gasthaus La Belle-Alliance. Aquatinta von Johann Lorenz Rugendas

122 Die von den Preußen verfolgte, geschlagene französische Armee löste sich auf. Napoleon selbst entkam nur knapp. Aquatinta von Johann Lorenz Rugendas

123 Gebhardt Leberecht von Blücher, preußischer Feldmarschall. Zeitgenössische Darstellung

124 Marschall Jean-de-Dieu Soult, bei Waterloo Napoleons Stabschef. Gemälde von Louis-Henri de Rudder (1805). Versailles, Musée de l'Histoire de France

125 Arthur Wellesley, Herzog von Wellington. Gemälde von Francisco Goya. London, National Gallery

Am 9. August 1815 verläßt die »Northumberland«, ein mit 74 Kanonen bestücktes Kriegsschiff, mit Napoleon an Bord den Hafen von Plymouth; am 17. Oktober betritt der Kaiser den Boden von St. Helena. »Das ist kein hübscher Anblick«, sagt er zu seinem Adjutanten Gourgaud, als er die grauen Vulkanfelsen der kleinen Atlantikinsel erblickt, »ich hätte lieber in Ägypten bleiben sollen«.

126 Ansicht von St. Helena. Zeitgenössische Darstellung

1

128

St. Helena wird zum Geburtsort der
Napoleon-Legende. In unablässigen Diktaten und Gesprächen
entwirft hier der verbannte Kaiser sein Bild für die Nachwelt.
127 Napoleon diktiert seinem Adjutanten, dem General
der Artillerie Gaspard Gourgaud. Gourgauds Tagebuch ist nicht
nur eine der wichtigsten Quellen über Napoleons Exil,
sondern zeigt den Kaiser auch unmittelbarer als andere und ist
am wenigsten auf Selbststilisierung bedacht. Gemälde von
Carl von Steuben. Collection Baron Gourgaud
128 Der Landsitz »The Briars« (die Heckenrosen),
Eigentum des Finanzagenten der Ostindischen Kompanie,
William Balcombe, war bis zum 10. Dezember 1815
Napoleons erster Wohnsitz auf St. Helena.

129

Die ersten beiden Jahre seiner Ehe mit
Marie Louise boten ein Bild familiärer Harmonie, vor
allem nach der Geburt des ersehnten Thronfolgers.
Und dieses private Glück wollte der Kaiser auch der
Öffentlichkeit vermittelt wissen.
129 Marie Louise malt Napoleon. Gemälde von
Alexandre Menjaud, ausgestellt im Salon von 1810.
Versailles, Musée de l'Histoire de France
130 Napoleon mit dem König von
Rom, Marie Louise und einer Kammerfrau.
Gemälde von Alexandre Menjaud.
Versailles, Musée de l'Histoire de France

130

131 Die Schlacht bei Chiclana am 5. März 1811. Hier griff Marschall Victor eine ihm überlegene britisch-spanische Armee an. Dargestellt ist der Augenblick, in dem Victor (zeigend, auf einem Schimmel) persönlich die Division Ruffin zum Angriff führt. Gemälde von Louis-François Lejeune. Versailles, Musée de l'Histoire de France **132** Der schwerverwundete General Ruffin wird von britischen Soldaten gefangengenommen. **133** Die Marketenderin des 95. Infanterie-Regiments, Catherine Baland, reicht den Grenadieren ihres Regiments ein Glas Cognac. **134** Spanische Gefangene und Verwundete. Solche Details zeichnete Lejeune, der als Oberst der Pioniere an der Schlacht teilnahm, während der Kampfhandlungen in sein Skizzenbuch. Das Gemälde selbst wurde erst nach dem Sturz Napoleons fertig und 1824 ausgestellt.

131

132

133

134

135

135 Vor den Mauern von Smolensk während der Kämpfe am 18. August 1812. Zeichnung von Christian Wilhelm von Faber du Faur, der als württembergischer Artillerie-Offizier an der zweitägigen Schlacht um Smolensk teilnahm. München, Bayerisches Armeemuseum **136** Napoleon 1814. Gemälde von Jacques-Louis David. Chateau de la Punta, Collection de la Duchesse Pozzo di Borgo. Dies ist nicht mehr der energiegeladene, selbstbewußte Kaiser, wie ihn die Propaganda zeigt, sondern ein von Erschöpfung und Resignation gezeichneter Napoleon.

la Moskowa, le 7 Septembre 1812.

137

138

139

137 Die Schlacht von Borodino am 7. September 1812 forderte ungeheure Verluste: 52000 tote und verwundete Russen und 28000 Franzosen. Gemälde von Louis-François Lejeune. Versailles, Musée de l'Histoire de France **138** Noch verlustreicher war die Schlacht von Leipzig vom 16. bis 19. Oktober 1813: 22605 tote und verwundete Russen, 16033 Preußen, 14958 Österreicher, 178 Schweden und 37000 Franzosen. Kampf vor dem Großen Tor. Gemälde von Ernst Wilhelm Straßberger. Dresden, Gemäldegalerie Alter Meister **139** Die Sprengung der Elsterbrücke am 19. Oktober 1813. Gemälde von Ernst Wilhelm Straßberger. Dresden, Gemäldegalerie Alter Meister

140

141

142

Der Stil kaiserlicher Repräsentation. Fontainebleau, das einstige Jagdschloß der französischen Könige, ließ Napoleon in einem Teil seiner Räume im Geschmack des Empire umgestalten. Hier empfing er den Papst am Vorabend der Kaiserkrönung 1804, hier unterschrieb er 1814 seine Abdankung, hier zelebrierte er am 20. April 1814 den Abschied von seiner Garde im Hof des Schlosses, der seither »Cour des Adieux« genannt wird. **140** Das kleine Schlafzimmer Napoleons **141** Der Thronsaal **142** Der Ratssaal

143

144

145

143 Das Schlachtfeld von Waterloo. Seinen Namen bekam der Entscheidungskampf vom 18. Juni 1815, der Napoleon die endgültige Niederlage brachte, nach dem Dorf Waterloo, in dem sich Wellingtons Hauptquartier befand, weit hinter den britischen Linien, nicht zuletzt deshalb, weil sich der flämische Name auch bequem englisch aussprechen läßt. Durch das Gelände, das sein ursprüngliches Aussehen noch vielfach bewahrt hat, läuft die von Charleroi nach Brüssel führende Straße. **144** Um 11.30 Uhr begann die Schlacht mit einem einstündigen Artillerie-Duell. Dann stürmte französische Infanterie das von Nassauern und Hannoveranern verteidigte Gut Hougoumont am äußersten rechten Flügel der Briten, das im Lauf des Tages mehrfach den Besitzer wechselte. Die Spuren des Kampfes sind noch heute sichtbar. **145** Das Gehöft Le Caillou hinter den französischen Linien war vom 17. bis 18. Juni das Hauptquartier Napoleons.

146

Allein mit sich, seinen Gedanken, Plänen, Entwürfen
und Entschlüssen, die Augen seiner Generale in stummer Bewunderung
und gespannter Aufmerksamkeit auf ihren Kaiser gerichtet:
So sollten Mit- und Nachwelt ihn sehen, das vom Flammenschein umleuchtete
einsame Genie in der für ihn charakteristischen Pose.
146 Das Biwak Napoleons auf dem Schlachtfeld von Wagram in der Nacht
vom 5. zum 6. Juli 1809. Gemälde von Adolphe Roehn (1810).
Versailles, Musée de l'Histoire de France

VIERTES KAPITEL

DAS KOMPENDIUM DER WELT

Wer Napoleon vor der Front seiner großgewachsenen Gardegrenadiere mit ihren hohen Bärenmützen sah, mußte ihn wohl für kleingewachsen halten. Tatsächlich entsprach seine Körpergröße von 1,68 Meter der Durchschnittsgröße des damaligen Franzosen und galt in jener Zeit nicht für klein. Doch der untersetzte Körper, der kurze Hals, der breite Hut ließen ihn kleiner wirken, als er tatsächlich war. Als junger General und zur Zeit des Konsulats war er von magerer Figur mit schulterlangem kastanienbraunem Haar, in späteren Jahren neigte er zur Korpulenz.

Dabei aß er wenig. Seine Mittagsmahlzeit, die er stets hastig einnahm, dauerte nie länger als maximal fünfzehn Minuten. Bevorzugt aß er gebratenes Huhn und Salat aus grünen Bohnen. Da er niemals pünktlich zum Essen erschien, mußte ständig frischgebratenes Geflügel in der Küche am Spieß stecken. Als Dessert liebte er besonders Eis, danach nahm er eine Tasse gesüßten Kaffees zu sich. Die Qualität des Essens war ihm vollkommen gleichgültig, er bemerkte sie überhaupt nicht, da seine Gedanken einzig mit seiner Arbeit beschäftigt waren.

Zeit nahm er sich allerdings für eine ausgedehnte Körperpflege. Der Tag begann mit einem einstündigen Vollbad in dampfendheißem Wasser. Während er in der Wanne lag, empfing er Sekretäre, Minister oder seine Offiziere zur Berichterstattung. Es genierte ihn nicht, vor ihnen aus der Wanne zu steigen und sich vom Diener abtrocknen zu lassen. Er tat das auch vor seinen Truppen, wenn er vor dem Zelt badete, da eine Wanne ihn auf allen Feldzügen begleiten mußte. Nach dem Abtrocknen ließ er sich von Kopf bis Fuß mit Eau de Cologne einreiben. Er rasierte sich grundsätzlich selbst, was damals für sehr ungewöhnlich galt, aber er haßte es, wie er sagte, fremde Hände in seinem Gesicht zu spüren; auch mochte die Furcht vor einem Attentat eine Rolle spielen.

Sein Haar war kastanienbraun, seine Augen dunkelblau. Besondere Pflege ließ er seinen sehr zarten und sehr kleinen Händen angedeihen, auf die er stolz war, vor allem den Fingernägeln. Unterwäsche und Strümpfe wechselte er täglich. Viel Zeit ließ er sich für die eingehende Pflege seiner Zähne, die bis zu seinem Tod untadelig blieben und eines Zahnarztes nie bedurften. Allerdings mußte er sich auf St. Helena einen Zahn ziehen lassen. Die Zunge reinigte er mit einem silbernen Schaber. Als Parfum verwendete er eine Aloe-Essenz. Gegen Mundgeruch trug er stets eine kleine Dose mit Anispillen in der Tasche, neben dem unvermeidlichen Schnupftabak, den er – sonst überaus sparsam – verschwenderisch benutzte.

Napoleon war überaus geruchsempfindlich, ließ oft die Zimmer lüften (obwohl er so kälteempfindlich war, daß selbst im Sommer meist ein Feuer im Kamin brennen mußte) und gern Aloe verbrennen. Die Bevölkerung von Paris profitierte von Napoleons Empfindlichkeit, denn sie verdankte dem Kaiser die ersten Gesetze, die ein Staat zum Umweltschutz erließ: Übelriechende Stoffe durften nicht mehr in die Seine eingeleitet werden, geruchsbelästigende Unternehmen mußten Paris verlassen.

Abends ging er früh zu Bett, sofern es die gesellschaftlichen und diplomatischen Verpflichtungen erlaubten, schlief dann etwa drei Stunden und stand um Mitternacht wieder auf. Es mußte dann eine kleine Collation zur Stelle sein: kaltes gebratenes Huhn, eine halbe Flasche Chambertin (den trank er am liebsten, aber stets mit Wasser gemischt), Eis und eine Portion Schokolade. Anschließend arbeitete er einige Stunden, legte sich wieder hin und schlief bis zwischen sechs und sieben Uhr morgens. Während der Feldzüge schlief er oft unterwegs in seinem bequemen Reisewagen, zuweilen sogar mitten in einer Schlacht, wenn die Situation es erlaubte. Er schlief dann augenblicklich ein und wachte zu der von ihm vorher bestimmten Zeit von selber wieder auf, war sofort geistig präsent und gab die neue Lage betreffende Befehle.

Sein Tageslauf hing von den jeweiligen Umständen ab und war alles andere als geregelt. Wenn es not tat, arbeitete er auch die ganze Nacht hindurch und verlangte unnachsichtig Präsenz und Aktivität von seinen Mitarbeitern, die er buchstäblich bis zum Umfallen beanspruchte. Wenn es sein mußte, arbeitete er achtzehn Stunden durch und bedurfte dabei weder einer Pause noch der Nahrungsaufnahme. Seine Energie schien dabei unerschöpflich. »Ich habe immer mit meinem Körper gemacht, was ich wollte«, sagte er stolz. Aber ganz so problemlos funktionierte dieser Körper nicht.

Die Durchblutung der Haut litt an gelegentlichen Störungen, und zeitlebens quälte ihn Verstopfung, die schließlich ein schmerzhaftes Hämorrhoidalleiden zur Folge hatte. Auch das Wasserlassen schuf ihm immer wieder Probleme. Neben der Anwendung von Blutegeln diente ihm das tägliche heiße Bad als Therapie gegen diese Leiden; stundenlanges Reiten oder das Schlafen unter mehreren dicken Decken verordnete er sich selbst als Mittel zur besseren Durchblutung seiner sehr zarten Haut. Wenn er von Zeit zu Zeit an Jagden teilnahm, interessierte ihn dabei nicht das Töten von Tieren, sondern einzig die körperliche Bewegung in frischer Luft. Mit dem Jagdglück war es ohnehin nicht weit her, denn er schoß miserabel. Marschall Masséna behauptete, ein Auge dank Napoleons mangelnder Treffsicherheit verloren zu haben, wobei der Marschall unterstellte, möglicherweise könne es sich dabei um einen kaiserlichen Denkzettel gehandelt haben, was angesichts von Napoleons Glücklosigkeit im Schießen doch ziemlich übertrieben scheint.

Wohl wahr, Napoleon zeigte gelegentlich sadistische Züge. Er besaß die seltsame Angewohnheit, zum Zeichen von Gunst oder Mißgunst die Menschen am Ohr zu zupfen, vom Minister bis zum Domestiken. In sanfter Form mochte das hingehen, aber er konnte in seinem Jähzorn auch so wütend daran reißen, daß Blut floß. Seinem Generalstabschef Berthier stieß er einmal in einem Wutanfall den Kopf mit aller Wucht an die Wand. Als einmal ein kläffender Hund sein Pferd scheuen ließ, versuchte er, den Hund zu erschießen, aber die Pistole funktionierte nicht. Als er sich während des Feldzugs in Polen 1807 einmal morgens in übler Laune aufs Pferd schwingen wollte, fiel er, ein miserabler Reiter, auf der anderen Seite wieder herunter, was besonders peinlich war, weil es auf einem Marktplatz vor den Augen der Bevölkerung und der angetretenen Armee geschah. Voll Wut schlug er daraufhin dem das Pferd haltenden Pagen die Reitpeitsche ins Gesicht. Doch am Abend drückte er dem Jungen wortlos eine Rolle Goldstücke in die Hand, seine Art, sich zu entschuldigen, wenn der Ärger verraucht war.

Napoleon reagierte nicht grausam, nur unbeherrscht. Männer, die ihm entschlossen widersprachen, wußte er zu schätzen. Konnten sie ihn mit Argumenten überzeugen, pflichtete er ihnen bei. Nach einer heftigen Auseinandersetzung mit dem Marineminister Decrès, der ihm im Streit nichts schuldig geblieben war, schrieb ihm Napoleon: »Es tut mir leid, daß Sie über mich in Zorn geraten sind; aber ist einmal der Zorn vorüber, so denke ich, bleibt auch nichts zurück; ich hoffe, daß Sie mir nichts nachtragen!«

Seine Diener erinnerten sich später, der Kaiser sei am vergnüglichsten beim morgendlichen Aufstehen gewesen, ein Ausbund bester Laune geradezu, der sich dann von seinem Personal am liebsten über den neuesten Pariser Klatsch informieren ließ.

In der Pflichterfüllung duldete er keinen Schlendrian. Bei den Sitzungen seines Kabinetts, des Staatsrats, blieb er unerbittlich: Erst wenn die anstehenden Fragen diskutiert und entschieden waren, ging man auseinander; auf das Bedürfnis nach Pausen oder nach einem Imbiß nahm er keine Rücksicht. Gelang es seinem Temperament, spontane Unmutsäußerungen während der Debatten zu unterdrücken, schrieb er sie auf vor ihm liegendes Papier, etwa: »Ihr seid alle Banditen!« (achtmal untereinander) oder »Wie bin ich euch doch so gut!« (zehnmal).

Die Arbeit im Staatsrat und in den Ministerien überwachte er genau. Jede Budgetplanung rechnete er persönlich Punkt für Punkt nach. So war es ihm auch möglich, einmal einen Haushaltsvoranschlag um sieben Millionen Francs zu senken. In seinem privaten Haushalt verfuhr er nicht anders. Weshalb wurden in den Tuilerien täglich hundertfünfundfünfzig Tassen Kaffee verbraucht, wie er herausgefunden hatte; weshalb fehlten plötzlich einige Handtücher gegenüber dem Bestand von vor vier Wochen; weshalb ließen sich nicht diese und jene Nahrungsmittel billiger einkaufen? Alle von ihm diktierten Briefe wurden sorgfältig überprüft, ehe er seine Unterschrift daruntersetzte. Neben der Fülle dieser und anderer Tätigkeiten fand er außerdem noch Zeit, für das Regierungsblatt *Moniteur* gelegentlich politische Artikel zu schreiben.

Während es ihm überhaupt nichts ausmachte, Diplomaten oder die Gäste seiner Mittagstafel warten zu lassen, erschien er stets auf die Minute pünktlich bei den sonntäglichen Paraden, das war seine Form der Höflichkeit gegenüber den Soldaten.

Wohl kein Herrscher war so vernarrt in die Paraden seiner Armee wie Napoleon. In besetzten Metropolen wie Berlin oder Wien wurden sie täglich abgehalten und verfehlten nicht die beabsichtigte Wirkung. Denn so lax auch der französische Soldat sich im Alltagsdienst geben durfte, so diszipliniert erschien er, wenn es zu repräsentieren galt. Alle Bewegungen der Truppenkörper wurden mit der größten Exaktheit ausgeführt, und die Farbenpracht der Uniformen erschien dem Zuschauer ebenso unvergleichlich wie die aufwendig besetzte Militärmusik; in beidem ließ sich Napoleons Armee von niemandem übertreffen. Die wahrhaft luxuriöse Pracht und die eindrucksvolle Choreographie des eingeübten Zeremoniells beeindruckten die Besiegten und begeisterten die Franzosen. Vom Eindruck der Garderegimenter und von deren »reichsten, bunten Uniformen, in deren sich tausendfältig wiederholendem Rot, Blau und Weiß die volle Macht der französischen Nationalfarben die Augen traf«, konnte sich ein Berliner Beobachter »kaum losreißen«. Selbst ein Napoleon-Hasser wie der Dichter E.T.A. Hoffmann versäumte 1807 in Warschau keine der vormittäglichen Paraden. Für Napoleon bedeutete ihr Anblick die Bestätigung seiner Macht und die Gewißheit, daß die vor ihm versammelten Zehntausenden nur einen einzigen Willen kannten: den seinen, dem sie sich bedingungslos unterwarfen. Das aufs sorgfältigste einstudierte Kriegs-Ballett, choreographiert zu einer Musik, die an volltönendem Aufwand und exakter Darbietung keinen Zuschauer und Zuhörer gleichgültig ließ, gehörte zum napoleonischen Faszinosum.

Parade bedeutete nicht nur festlicher Aufmarsch und Defilee vor dem Kaiser, sondern auch Inspektion. Waren die Tornister vorschriftsmäßig gepackt, war das Schuhzeug in Ordnung? Hatte jedes Geschütz die vorgeschriebene Menge an Pulver und Blei? Gab es Klagen? Soldaten konnten ihm hier ihre Petitionen übergeben, die er persönlich las und überprüfte. Er bereitete sich genau vor: Welche Regimenter würden zur Parade aufmarschieren, wo hatten sie im Kampf gestanden? Er prägte sich die Namen einzelner Soldaten ein, ließ sich ihr Aussehen beschreiben. Und diese Rolle spielte er dann brillant: »Dich kenne ich doch, du warest doch mit in Ägypten bei der und der Brigade?« Oder: »Wir haben uns zuletzt bei Jena gesehen. Warum bist du seither nicht befördert worden?« Die braven Soldaten, fest davon überzeugt, der Kaiser habe sie wiedererkannt (»... und er wußte sogar meinen Namen!«), schmolzen vor Rührung und gelobten für den nächsten Feldzug verdoppelte Tapferkeit. Darum duldete Napoleon im Feld auch eine gewisse Familiarität, probierte im Biwak das Essen, ließ sich die Sorgen vortragen und von den Soldaten duzen, was er sonst niemandem gestattete, nicht einmal seinen Geschwistern. Beim Rückzug aus Rußland 1812 opferten verwundete Soldaten ihr letztes Brennholz für das kaiserliche Biwak, wohl wissend, daß sie die Nacht nicht überleben würden: »Nehmt es für den Kaiser!« Beim Einmarsch in Rußland versanken vor Napoleons Augen polnische Kavalleristen in den reißenden Fluten eines Flusses. Ihr letzter Ruf: »Es lebe der Kaiser!« Ein Deutscher, Zeuge der Szene, schrieb später: »Wer erklärt diese abgöttische Verehrung?« Seine Truppen bewunderten seine Furchtlosigkeit mitten im Feuer, er galt als kugelfest. Die als junger Offizier empfangenen Verwundungen verschwieg Napoleon darum auch bewußt, und es war ihm nicht recht, daß der 1809 bei Regensburg am Fuß empfangene Streifschuß seinen Soldaten bekannt wurde.

Die Armee – dies wurde schon gesagt – blieb für ihn immer die kontrollierte und kontrollierbare Masse ohne eigenen Willen, und diese gezügelte Masse zu karessieren verstand Napoleon meisterhaft. Vor allem die Garderegimenter blieben ihm geradezu willenlos ergeben. Kein Soldat in der ganzen Welt wurde damals besser behandelt, höher besoldet, mit schönerer Uniform versehen. Als im Rußlandfeldzug Lebensmittel und Ausrüstung knapp zu werden drohten, sorgte der Kaiser dafür, daß es seiner Garde an nichts mangelte. Natürlich ging das zu Lasten der übrigen Armee, die sich über diese Bevorzugung empörte, aber Napoleon wußte, daß er sich im Ernstfall nur noch auf die Garde würde verlassen können, ihre Tapferkeit und ihren legendären Ruf beim Feind. Daß die russische Armee Kutusows es nicht wagte, den Rückzug der Franzosen ernsthaft anzugreifen, lag auch an ihrem hohen Respekt vor der Garde, die einen mit weit überlegenen Kräften geführten Angriff bei Krasnoje aufgehalten und zurückgeschlagen hatte. Da Napoleon die stimulierende Wirkung der Militärmusik kannte, wurde er ärgerlich, als er seine Garde an der Beresina die populäre Weise spielen hörte: »Was gibt es besseres, als zu Haus bei seiner Familie zu sein?« Sofort fuhr er dazwischen: »Spielt lieber ›Laßt uns über das Heil des Kaiserreichs wachen‹!« Dieses »Veillons au salut de l'Empire« war die offizielle Hymne des Kaiserreichs (die Marseillaise durfte nicht gespielt werden), ein Stück aus der Oper *Renaud d'Ast,* komponiert 1795 von dem Militärchirurgen (!) Simon Boy, übrigens eine ganz unheroische, fast gemütlich dudelnde Melodie, ziemlich simpel. Hier ist nun zu fragen, wie es denn Napoleon überhaupt mit den Künsten hielt.

Schon mit zwölf Jahren hatte er gewußt: »Mit dem Schwert an meiner Seite und Homer in meiner Tasche hoffe ich, meinen Weg durch die Welt zu bahnen.« Und er, der durch das Schwert Besiegte, meditierte am Ende seines Lebens auf St. Helena über Geist und Macht: »Es gibt nur zwei Mächte in der Welt, den Säbel und den Geist. Auf die Dauer wird der Säbel immer vom Geist besiegt.«

Nehmen wir den ersten Satz als das, was er ist – rhetorische Floskel im Pathos der Zeit –, so ist doch angesichts des zweiten Zitats bemerkenswert: Dieser Mann wollte sich offenbar eher mit der Feder Respekt verschaffen als mit dem Schwert. Denn die Jugendträume des Zöglings von Autun und Brienne kehrten immer wieder zum Schriftstellerruhm zurück, und das in Schulen, die ihn zum Militär erzogen.

Der junge Bonaparte war ein besessener Leser, der eifrigste der Schule, wie ihm seine Lehrer in Brienne nachrühmten. Autoren, die er dort kennenlernte: Aesop, Phaidros, Caesar, Nepos, Cicero, Sallust, Vergil, Horaz, Lukian, Erasmus, Camoes, Tasso, Milton, Corneille, Racine, La Fontaine, Fénelon, Boileau, Voltaire. Erklärter Lieblingsschriftsteller: Plutarch, was ganz dem Zeitgeschmack entsprach. Er las ihn in französischer Übersetzung, denn Griechisch wurde nicht gelehrt, nur Lateinisch und Deutsch, Sprachen, die der junge Bonaparte nie richtig erlernte. Alle nichtfranzösischen Autoren las er nur in Übersetzungen.

An den Platz Plutarchs rückte das Werk Jean-Jacques Rousseaus, den der sechzehnjährige Leutnant an der Kriegsschule zu Paris studierte und dessen Stil er in seinen ersten schriftstellerischen Arbeiten zu imitieren suchte. Er verfaßte eine Abhandlung »Über den Selbstmord«, er schrieb über Rousseaus *Contrat social.* Neben Rousseau trat als bewundertes Werk Bernardin de Saint Pierres Idylle *Paul et Virginie.*

In diesen Jahren schrieb Bonaparte auch eine empfindsame Liebesgeschichte *Clisson et Eugenie,* bevorzugte aber den Essay und die dialogische Form. Auch an ein Drama über den Tod Caesars dachte er, es blieb aber bei dem Plan. Der spätere Kaiser empfahl 1808 seine Konzeption Goethe zur Ausführung.

Die leichte, heitere Poesie war seine Sache nicht. Wiewohl Selbstironie bei ihm gelegentlich durchbrach, wird man ihn wohl schwerlich einen Menschen mit Humor nennen wollen. Folglich hatte er auch zu Lustspielen kein rechtes Verhältnis, das wurde von ihm in einem »Discours« auf eine Preisfrage der Akademie zu Lyon (die seine Arbeit mit dem ersten Preis auszeichnete) deutlich gesagt. Das Theater, so dachte der kaum Erwachsene, und so würde auch später der Staatschef denken, sollte die Menschen erheben, läutern, veredeln, ihnen einen antikischen Geist einpflanzen, weswegen er zeitlebens das antike Sujet für das einzige hielt, das dem Drama angemessen sei.

Napoleon ist bis zu seinem Tod ein passionierter Leser geblieben. Für die Bibliotheken seiner Schlösser gab er riesige Summen aus, auf seinen Feldzügen begleitete ihn eine tausendbändige, von ihm selbst ausgewählte Reisebibliothek, und sein ungewöhnliches Gedächtnis befähigte ihn, seine Umgebung mit ausgiebigen Deklamationen von Versen Corneilles oder Racines zu verblüffen.

Für Napoleon war die Lektüre identisch mit Information. Die Künste bedeuteten ihm überhaupt niemals ein schönes, zweckfreies Spiel des Geistes, er benutzte sie, um von ihnen zu lernen, um Neues zu erfahren über den Menschen (seine Verführbarkeit und Lenkbarkeit vor allem), über Länder, über Wissenschaften. Während seiner Amtszeit als Regierungschef fand er für die eigene literarische Arbeit keine Zeit; die wurde ihm erst zuteil in der Verbannung auf St. Helena. Seine ganze schriftstellerische Begabung, seinen bedeutenden Stil, den einer seiner Lehrer in Brienne sehr zutreffend einem von vulkanischen Feuer erhitzten Granit verglich und der einem Stendhal zum Vorbild diente, setzte er ein, um sein Bildnis in seiner Sicht späteren Generationen zu überliefern.

Napoleon kannte die Gewalt, die seine Sprache über die Massen besaß. Aber es war nicht die Sprache des Redners, der sich am eigenen Wortschwall berauscht, es war die Sprache seiner Bulletins, die der Feldherr und Kaiser persönlich formulierte. Zum Redner fehlte ihm alles; an dieser mangelnden Begabung wäre fast sein Staatsstreich gescheitert. Er war ein Mann des geschriebenen Wortes, das in jeder Zeile die sorgfältige Plutarch-Lektüre verrät. Und da er diese Gewalt, diese persuasive Sprachmagie seiner Texte kannte, kontrollierte er selbstverständlich auch alles, was andere schrieben.

Oft genug ist behauptet worden, der trostlose Zustand der französischen Literatur zu seiner Zeit sei zwangsläufig das Ergebnis seiner Diktatur gewesen. Aber die französische Literatur war schon beim Tod Voltaires medioker genug (der eine André Chénier wurde erst lange nach dessen Tod entdeckt), und die Jahre nach Waterloo änderten daran nichts. Weltrang erlangte Frankreichs Dichtung erst mit der Romantik der Juli-Revolution.

Gewiß, die einzig bedeutenden Autoren des napoleonischen Frankreich hießen Chateaubriand, Germaine de Staël und Benjamin Constant, und diese drei bekämpften die Despotie des Kaiserreichs. Napoleon hat das selber genau gesehen: »Die kleine Literatur ist für mich, die große gegen mich.« Wer so urteilt, muß wohl ein Gefühl für Qualität besitzen; von anderen Diktatoren hat man dergleichen nie gehört.

Spätestens an dieser Stelle wird an ein Zitat erinnert, das angeblich alles erklärt, gemeint ist Napoleons zorniger Ausruf: »Wir haben keine Literatur? Das ist die Schuld des Innenministers!« Selbst jemand, der es besser hätte wissen müssen, Friedrich Sieburg, wiederholt diesen Satz, der überall dort, wo er zitiert wird, mit dem Kommentar erscheint: Napoleon wollte eben die Literatur kommandieren wie eine Armee. Ein Banause also, wie auch anders? Stellt man das Zitat aber in seinen Zusammenhang, so ist es mit dem wohlfeilen Spott nicht mehr getan.

Jener Satz findet sich in einem Brief, den der Kaiser am 21. November 1806 aus seinem Hauptquartier zu Berlin an seinen Innenminister richtete. Der Anlaß: Er hatte erfahren, daß man in der Pariser Oper Verse improvisiert hatte, um ihm zu schmeicheln. Daraufhin erteilte er eine Rüge:

»Wenn die Armee versucht, soviel sie kann, dem Vaterland Ehre zu machen, so muß man bekennen, daß die Literatur alles tut, um uns zu entehren. Ich habe gestern abend Verse gelesen, die in der Oper gesungen worden sind. Hat man sich denn in Frankreich vorgenommen, die Literatur zu entehren? Seit wann gibt man in der Oper das, was für das Vaudeville bestimmt ist – Improvisationen? Wenn man zwei oder drei Monate für aufzuführende Gesänge braucht, so muß man sie dazu verwenden. Erklären Sie Herrn de Lucay [dem Intendanten der Oper] meine Unzufriedenheit und verbieten Sie, daß irgend etwas in der Oper aufgeführt werde, das dieser großen Bühne nicht würdig ist. Was die Improvisation betrifft, so muß man sie dem Vaudeville überlassen. – Man beklagt sich, daß wir keine Literatur haben; das ist die Schuld des Innenministers. Es ist lächerlich, von einem Dichter eine Dichtung zu bestellen, wie man ein Musselinkleid bestellt. (...) Da die Literatur zu Ihrem Bereich gehört, müssen Sie sich darum kümmern. Denn in der Tat, was in der Oper gesungen worden ist, ist zu schimpflich.« Im April 1807 hat er diesen Gedanken noch bekräftigt: »Das Talent des Schaffens ist in der Literatur – wie in der Musik und Malerei – eine individuelle Gabe. In den Schöpfungen des Geistes und des Genies kommen Geist und Genie sogleich und von selbst zu ihren höchsten Resultaten. Wir haben die Griechen weder in der Tragödie noch in der epischen Dichtung übertroffen, da sie noch heute unsere Vorbilder sind, während Jahrhunderte der Aufklärung die Wissenschaft immer weiter gebracht haben. Das Genie und der Geschmack können nicht erlernt werden!«

Von einer »Literarischen Akademie«, an der Dichter ausgebildet werden sollten (wie sein Minister anregte), hielt er darum gar nichts. Er wünschte sich vielmehr eine staatliche Literaturzeitschrift, die sich kritisch mit jungen Autoren beschäftigt, förderungswürdige Talente auszeichnet und so bekannt macht.

Gewünscht wurde also eine sanfte, nach außen nicht auffällige Gängelung der Literatur zu Nutz und Frommen des Systems, nicht aber eine rüde Reglementierung oder gar Terrorisierung.

Glaubt man den Memoiren Chateaubriands, so war freilich Terrorisierung an der Tagesordnung. Der Dichter hatte nämlich 1807 in seiner Zeitschrift *Mercure* einen Aufsatz über Nero veröffentlicht, dessen massive Anspielungen – »Umsonst blüht das Glück Neros; Tacitus ist im Kaiserreich geboren« – von jedermann verstanden wurden, vor allem von dem eigentlich Gemeinten, der übrigens Tacitus nicht ausstehen konnte. »Ich werde Chateaubriand auf den Stufen der Tuilerien niedersäbeln lassen!« soll Napoleon nach der Lektüre gebrüllt haben.

Merkwürdig nur, daß außer Chateaubriand (der ja nicht dabei war) niemand von diesem Ausruf weiß. Durch Mittelsmänner ließ Napoleon die ohnehin im Eingehen begriffene Zeitschrift aufkaufen, und zwar für eine solche Summe, daß Chateaubriand sich davon sein Schloß Vallée-aux-loups leisten konnte. So etwas mag man dann Terror nennen. Wirklich verfolgt wurde einzig Germaine de Staël, die ihre lautstarke Opposition mit der Verbannung büßen mußte und deren Werk *De l'Allemagne* 1813 auf Befehl Napoleons eingestampft wurde, als die Auflage gerade ausgedruckt war. Eine Verherrlichung der deutschen Kultur hielt der Kaiser zu diesem Zeitpunkt für höchst inopportun, zumal er nach der Lektüre durchaus begriffen hatte, daß dieses Buch eindeutig gegen ihn gerichtet war. Hingegen ließ er es zu, daß Germaine de Staëls Romane *Delphine* und *Corinne* in Frankreich erschienen; sie befanden sich sogar in seiner Privatbibliothek. Unsere Zeit hat opponierende Autoren übler behandelt, und man glaube doch nicht, in den Ländern außerhalb Frankreichs sei der einzelne Schriftsteller mit mehr Respekt bedacht worden. Schubart verbrachte zehn Jahre im Kerker des Hohenasperg, Kotzebue wurde nach Sibirien deportiert, Heinrich von Bülow unter mysteriösen Umständen in der Festung Riga umgebracht. Im angeblich demokratischen England dieser Jahre riskierten Buchhändler wie Autoren Haftstrafen, wenn sie politische Opposition wagten, und Shelley mußte ins Exil gehen.

Er hätte Corneille, wäre er Zeitgenosse, zum Fürsten gemacht, hat Napoleon wiederholt gesagt, als – nach Plutarch und Rousseau – Corneille die Stelle des Lieblingsdichters versah. Kein Zweifel, kennt man die Geldbeträge, mit denen bescheidene Talente von ihm belohnt wurden. Aber es gab keinen Corneille in seinem Reich, auch keinen Tacitus. »Was will man jetzt mit dem Schicksal? Die Politik ist das Schicksal!« sagte Napoleon 1808 zu Goethe. An Stelle des Fatums setzte Napoleon die Politik, die historische Notwendigkeit, die Konfliktsituationen schafft: So stellte sich ihm die wahre Tragödie dar, so wollte er sie vermittelt sehen. Aber auch Goethe ließ sich für dieses Konzept nicht gewinnen, so sehr ihn der Kaiser auch drängte.

In der bildenden Kunst gab es da weniger Schwierigkeiten. Gewiß, als Jacques-Louis David sein Thermopylenbild malte, mußte er sich vom Ersten Konsul sagen lassen: »Es ist nicht recht, David, daß Sie sich abmühen, Besiegte darzustellen«, aber David war nicht der Mann, der sich von Napoleon Vorschriften machen ließ. Anders als die Literatur hatten Malerei und Plastik eine Reihe bedeutender Namen aufzuweisen. David, der Maler des Krönungsbildes, für das er siebenundsiebzigtausend Francs bekam; Gérard, der bedeutendste Portraitist der damaligen Gesellschaft; Gros, der für sein Bild der *Schlacht von Eylau* (heute Louvre) sechzehntausend Francs erhielt; Isabey, der beste Miniaturmaler seiner Zeit; Prud'hon, Ingres, Girodet-Trioson: Das sind Namen, die noch heute ihren ersten Rang in der Malerei des Klassizismus behaupten. Nicht minder würdig stehen neben ihnen die Bildhauer Canova und Houdon. Mit ihren betont heroischen Gemälden und Skulpturen befestigten auch sie den Ruhm des Empire, aber ihre Kunst brauchte keine Kompromisse zu machen.

Die bildende Kunst diente einer klassizistischen Verherrlichung, ihr fiel das Anknüpfen an antike Vorbilder naturgemäß leichter als der Literatur, wobei Napoleons hundertfach gemalte Physiognomie an solche Vorbilder denken ließ. »Schön wie eine Antike«, nannte David Napoleons Kopf, und selbst die giftige Madame de Rémusat verglich das Gesicht des von ihr gehaßten Imperators mit einer antiken Medaille. Als aber Canova den Kaiser in antiker Nacktheit in Marmor schlug, winkte dieser ab: So weit sollte die Nachahmung denn doch nicht gehen. Byzantinischer Vergottung war der Gefeierte ohnedies abhold, aber er schätzte es, wenn man ihn in einer der Antike würdigen Rolle sah, so etwa bei der trefflich inszenierten Begnadigung des Fürsten Hatzfeld, die Napoleon als Parallele zur oft gemalten »Milde des Titus« (oder Scipio) verstanden wissen wollte.

Die dauerhafteste Leistung, die Napoleon auf dem Gebiet der Künste beschieden war, ist sicher die Eröffnung des Louvre als »Musée Napoléon« 1802: das erste öffentliche Museum Europas mit Werken alter und zeitgenössischer Maler. Natürlich diente auch dieses Museum der Verherrlichung zentralistischer Alleinherrschaft, die skrupellos Europas Kunstschätze zugunsten des französischen Ruhmes plünderte. Als Gemäldesammlung war der Louvre schon damals von einsamem Rang, in seinem Reichtum repräsentierte er Frankreichs eindrucksvolle Größe.

So hatte Napoleon auch das Auftreten der Comédie Française auf dem Fürstenkongreß zu Erfurt 1808 bestimmt: »Ich will Deutschland durch meinen Aufwand in Erstaunen setzen.« Im Gespräch mit dem Intendanten Dazincourt – angereichert mit Corneille-Zitaten – wurde der Spielplan bis ins Detail festgelegt. Dergleichen war keine Ausnahme: Der Pariser Oper erging es nicht anders.

Den Pariser Intendanten wurde Anfang 1806 mitgeteilt, Seine Majestät wünsche für die Spielzeit des Jahres acht Premieren. Vier Jahre später regelte ein Brief des Kaisers sogar genau die Aufführungen; vorgeschrieben wurde, welche Opern wann zu spielen seien. Denn für Napoleon war auch die Musik ein Mittel, politisch Einfluß zu nehmen: »Die Musik«, so sagte er, »hat von allen Künsten den tiefsten Einfluß auf das Gemüt, ein Gesetzgeber sollte sie deshalb am meisten unterstützen. Ein Musikstück von innerem Wert und von einem Meister geschaffen, läßt die Seele aufs tiefste erbeben und hat viel mehr Einfluß als ein gutes Buch, das zwar unsere Vernunft zu überzeugen vermag, auf unser Leben aber ohne Wirkung bleibt.«

Musik meint hier vor allem die Oper. Sie sollte – wie das Drama – heroische, erzieherische, begeisternde Impulse vermitteln; tat sie das nicht, war ihre Chance gering, auf den Pariser Spielplan zu kommen. Ob eine Oper nun tatsächlich immer von staatspädagogischem Wert war, ließ sich gelegentlich schwer entscheiden. Nachdem er im Oktober 1805 in Stuttgart Mozarts *Don Giovanni* gehört hatte und ihm das Werk gefiel, erkundigte sich Napoleon bei seinem Polizeiminister Fouché, wie er diese Oper unter dem Gesichtspunkt der öffentlichen Meinung beurteile. Die Antwort muß positiv ausgefallen sein, denn der *Don Giovanni* wurde in Paris gegeben, reüssierte aber nicht. Natürlich: »Die Franzosen verstehen nichts von Musik«, hatte Napoleon schon früher festgestellt, in diesem Punkte mit Stendhal völlig einig.

Fünf Jahre danach dekretierte der Herrscher, biblische Themen seien von der Bühne zu verbannen: »Derartiges soll der Kirche überlassen bleiben.« Selbst die Ballett-Librettisten waren nicht frei in der Wahl ihrer Sujets: »Es dürfen nur mythologische und historische Balletts gegeben werden, niemals allegorische.«

Natürlich mußte die Oper auch dazu beitragen, den napoleonischen Intentionen – besonders den Feldzügen – die emotionale Weihe zu geben. Das galt erst recht, als diese Feldzüge von Jahr zu Jahr unpopulärer wurden und dem Volk ein neuer heroisch-martialischer Odem eingeblasen werden mußte.

Bei dem räuberischen Überfall auf Spanien 1808 erhielt der von Napoleon besonders geschätzte Gaspare Spontini den Auftrag, eine Oper über Fernando Cortez zu komponieren. Spontini hatte soeben mit der Oper *Die Vestalin* einen außerordentlichen Erfolg errungen und war aus der kaiserlichen Privatschatulle mit einer Dotation von sechstausend Francs geehrt worden. Bei seiner großen Popularität schien er nun der richtige Komponist für eine Cortez-Oper.

Napoleon selbst arbeitete den Plan dazu aus. Die Oper sollte in der Person des Cortez und der Eroberung Mexikos die imperialistische Politik Frankreichs verklären, die Aggression umdeuten in die große Mission, einem unaufgeklärten, fanatisierten Volk das Licht der Aufklärung bringen. Diesen eigenhändigen Entwurf des Kaisers bearbeiteten zwei Librettisten, Spontini vertonte das Ganze, aber seine Musik geriet unversehens zu einer Huldigung Spaniens und spanischer Grandezza, und gerade das hatte der Auftraggeber am wenigsten gewollt. Die Uraufführung 1809 gedieh zu einer Sympathiekundgebung des Pariser Publikums für das unterworfene Spanien, die Oper wurde sofort im ganzen Kaiserreich verboten.

Opern ließ sich Napoleon auch gern in Privataufführungen in seinen Schlössern geben (zwischen 1805 und 1814 wurden bei solchen Gelegenheiten siebenundsechzig Werke aufgeführt), aber im persönlichen Umgang mit der Musik spielte die heroische Attitüde, die er von der öffentlichen Darbietung forderte, überhaupt keine Rolle. Der Mensch Napoleon Bonaparte liebte nämlich genau das, was der Kaiser von seinem Volk fernzuhalten trachtete.

»Er liebte Ossian, das gedämpfte Licht, die Dämmerung, schwermütige Musik«, berichtete die Hofdame Claire de Rémusat. »Er hörte sanfte, getragene Musik, die er sich von italienischen Sängern unter Begleitung weniger, nur leise schwirrender Saiteninstrumente vortragen ließ. Man sah ihn dann in Träumerei versinken, vor der alle Anwesenden regungslos, ohne sich vom Fleck zu rühren, ehrerbietig verstummten. In solcher Abwesenheit schien er eine Art von Entspannung zu finden; wenn er wieder zu sich kam, war er in der Regel heiterer und mitteilsamer. Er liebte es dann, sich von den empfangenen Eindrücken Rechenschaft zu geben; er setzte die Wirkung der Musik auf sein Empfinden auseinander, wobei er den Kompositionen Paisiellos stets den Vorzug gab. ›Denn sie ist eintönig‹, sagte er, ›und nur die Eindrücke, die sich wiederholen, haben Gewalt über uns.‹«

Seinen Lieblingskomponisten Giovanni Paisiello holte er 1802 für ein Jahresgehalt von achtzigtausend Francs nach Paris, und zu dessen Rivalen Cherubini sagte er einmal: »Paisiellos Musik ist sanft und wohltuend, Sie aber instrumentieren mir zu stark, und während Paisiello mich angenehm beruhigt, machen Ihre Kompositionen zu viele Ansprüche an den Zuhörer.« Worauf Cherubini spitz erwiderte: »Ich begreife. Sie fordern eine Musik, die Sie nicht behindert, an Staat und Politik zu denken.«

Geld spielte in Napoleons Musikpolitik keine Rolle. Der Komponist Le Sueur erhielt jährlich zweitausendfünfhundert Francs »allein für das Notenpapier«, der von Napoleon sehr geschätzte Ferdinando Paer, den er 1806 von Dresden nach Paris engagierte, erhielt ein Jahresgehalt von achtundzwanzigtausend Francs, und als Girolamo Crescentini, der von Wien nach Paris geradezu herbeibefohlen wurde, sechstausend Francs Jahresgehalt erbat, wurde ihm in einem Verweis das »Ungeziemende« solcher Forderung bedeutet: Er bekam das Vierfache. Allein für seine Privatkapelle gab Napoleon jährlich dreihundertfünfzigtausend Francs aus.

Natürlich sind solche Ausgaben kein Indiz für Musikalität, die denn Napoleon auch oft genug abgesprochen worden ist, meist mit dem läppischen Hinweis, er habe beim Singen oder Pfeifen stets die falschen Töne getroffen. War er überhaupt ein musischer Mensch? Bedenkt man, wie er versuchte, die Künste in den Dienst seines Regimes zu zwingen, sie propagandistisch auszuwerten und sie überhaupt vornehmlich nach ihrem Nutzeffekt einzustufen, so möchte man diese Frage verneinen. Aber ist ein Mensch ganz und gar unmusisch, der zugleich sehr wohl begreift, daß man Dichtung nicht kommandieren kann, mehr noch: der gern Verse rezitiert, die melancholische Lyrik Ossians liebt und zugibt, von der Sprache Corneilles »wie berauscht« gewesen zu sein? Der am Vorabend der Schlacht von Austerlitz mit seinem Generalstab über die französische Tragödie diskutiert? Und doch zögert man auch hier, diese Frage zu bejahen.

Als er 1809 Wien besetzte, war eine seiner ersten Amtshandlungen, dem verehrten Joseph Haydn eine Ehrenwache seiner Gardegrenadiere vors Haus zu stellen, um ihn vor möglichen Belästigungen zu schützen. Auf dem Fürstenkongreß zu Erfurt 1808 hatte er ausdrücklich Goethe und Wieland zu sprechen gewünscht. Mag sein, daß er Goethes *Werther* wirklich siebenmal gelesen hatte, aber von Wieland mit Sicherheit nicht eine Zeile. Dies und die demonstrative Auszeichnung der beiden Poeten mit dem Kreuz der Ehrenlegion legt freilich wieder die Vermutung nahe, es habe sich um einen Akt geschickter Propaganda gehandelt. Denn die Umstände seiner Begegnungen mit Goethe und Wieland sind nicht besonders eindrucksvoll.

Goethe empfing er beim Frühstück, und während der Kaiser die Speisen in sich hineinschlang »wie ein gaetulischer Löwe« (so erinnerte sich Goethe später), mußte der Dichter vor seinem Tisch stehenbleiben und eines der typischen napoleonischen Verhöre hinnehmen, immer wieder unterbrochen durch eintretende Militärs, die Meldungen brachten und Befehle holten. Die von Napoleon geäußerte Kritik am *Werther* hat Goethe ausdrücklich als berechtigt anerkannt; den schien der Kaiser also wohl tatsächlich zu kennen.

Mit Wieland, der ihm kein Begriff war, sprach er über das selbstgewählte Thema Tacitus, was bedeutet, daß er den greisen Poeten seine Abneigung gegen den römischen Historiker wissen ließ. Auch der alte Wieland mußte dabei stehen, bis er sich mit dem feinen Hinweis entlassen ließ, das Stehen werde ihm angesichts seines Alters zu beschwerlich. Solche Gespräche, die eher Befragungen zur Sache waren, wurden übrigens von Napoleon meist bewußt geplant, denn bekanntlich liebte er es nicht, irgend etwas dem Zufall zu überlassen. Nichts hätte Napoleon ferner gelegen, als etwa mit diesen Dichtern behaglich zu plaudern, das Gespräch sich ganz von selbst weiterentwickeln zu lassen und dabei vielleicht auf gänzlich unvermutete Themen zu kommen. Der von einer beständigen inneren Unruhe getriebene Napoleon brauchte die unausgesetzte Aktivität. Momente der Kontemplation gönnte er sich nur beim Musikgenuß, aber auch der mußte kurz sein. Dramen oder Opern verfolgte er selten bis zum Ende, meist genügte ihm ein Akt. Das Zuhören war seine Sache nicht, allerdings auch nicht langes Monologisieren. Zu seinen Aktivitäten brauchte er die rasche und knappe Information, und er setzte andere Monarchen stets in Verlegenheit, wenn er sie über die wirtschaftlichen Probleme ihrer Staaten ausfragte, von denen sie nichts wußten, während er die Statistiken seines Reiches im Kopf hatte und aus dem Gedächtnis präzises Zahlenmaterial vorzulegen wußte.

Dieser Mann sei nicht zu amüsieren, urteilte der langjährige Außenminister Talleyrand. Die großen Feste in den Tuilerien waren für ihre Langeweile berühmt. Der Kaiser absolvierte ein oder zwei Pflichttänze, weil es die Etikette so vorschrieb, verabscheute aber sonst das Tanzen. Eine Partie Whist oder Schach mit ihm war eine Qual, denn da er nicht verlieren konnte, mogelte er schamlos. Er wollte auf dem Spieltisch siegen wie auf dem Schlachtfeld. Einzig um des Genusses willen zu spielen, wäre ihm als Zeitverschwendung erschienen.

Und leider muß man auch konstatieren, daß er sich im Erotischen genauso benahm. Galanterie oder erotische Raffinessen lagen ihm fern; auch die in dieser Hinsicht recht erfahrene und versierte Joséphine de Beauharnais hatte sie ihren Ehemann nicht lehren können. Joséphine mochte es zu Beginn ihrer Ehe mit der Treue nicht so genau nehmen, später war es dann umgekehrt, denn Napoleon betrog seine Frau ständig. Nicht, daß er wirklich eine Geliebte gehabt hätte (vermutlich wäre das für ihn nur Zeitverlust gewesen), er bestellte sich nur gern seine kleinen sexuellen Collationen in die Tuilerien: Schauspielerinnen, Sängerinnen, Tänzerinnen vom Ballett. Die Termine verabredete der Adjutant, der die Bestellte an einem Hintereingang des Palastes empfing und sie seinem Herrn zuführte. Das Vergnügen, wenn es denn eines war, dauerte für gewöhnlich nur recht kurz, konnte aber zuweilen lange Wartezeiten einschließen, in denen die jungen Frauen in (im Winter ungeheizten) Vorzimmern ausharren mußten. Wenigstens wurden sie für ihre Dienste sehr großzügig entlohnt, auch verhieß der Ruf, die Gunst des Gewaltigen genossen zu haben, einigen persönlichen Schutz am Theater.

Es war aber nicht allein die rasche Triebbefriedigung, die Napoleon zu seinem Verhalten veranlaßte. Schwer machte ihm der Makel zu schaffen, mit Joséphine, aus erster Ehe Mutter eines Sohns und einer Tochter, kein Kind zeugen zu können, was ihn ganz offensichtlich in Konflikt mit seinem männlichen Selbstverständnis brachte. Das änderte sich aber 1806, als ihm eine neunzehnjährige Hofdame seiner Schwester Caroline einen Sohn gebar, genannt Graf Charles Léon. Und auch aus der Verbindung mit Maria Walewska ging ein Sohn hervor, der 1810 geborene Alexander Walewski.

Romane und Filme haben Maria Walewska hinaufstilisiert zu »Napoleons großer Liebe«. Gewiß, gemessen an Napoleons sonstigem Verhalten gab es hier tatsächlich so etwas wie eine Liebesbeziehung, die über Jahre dauerte und sich auch bewährte, vielleicht, weil sich beide nach den ersten Flitterwochen nur noch sehr selten sahen. Maria Walewska gehörte zu den wenigen Menschen, die Napoleon auch nach seinem Sturz die Treue hielten und die den Mut besaß, ihn in seinem Exil auf Elba zu besuchen. Und noch zwei Frauen blieben ihm treu, auch wenn es nicht das erotische Band war, das sie mit Napoleon verknüpfte: Pauline, seine Schwester, und Hortense de Beauharnais, seine Adoptivtochter. Während die übrige Verwandtschaft den Mann, dem sie alles zu verdanken hatte, schleunigst fallen ließ, als ihm die Macht genommen war, bewahrten ihm Pauline und Hortense ihre Anhänglichkeit. Pauline wäre sogar bereit gewesen, ihm ins Exil auf St. Helena zu folgen.

Im allgemeinen dachte Napoleon von Frauen eher geringschätzig. Sein Verhalten ihnen gegenüber resultierte zweifellos aus einer tiefen Unsicherheit, im Unbewußten möglicherweise sogar aus Angst gegenüber Frauen. Er, der nie ganz der Zucht der liebevoll-strengen Madame Mère entkommen war und sie fast furchtsam respektierte, verhielt sich bei Frauen, sofern sie nicht seine billigen Sexualobjekte waren, fast hilflos. Traten sie ihm furchtlos entgegen wie etwa die Herzogin Luise von Sachsen-Weimar oder die Königin Luise von Preußen, dann konnte er liebenswürdig bis zur Nachgiebigkeit sein; intelligente Frauen, die ihm geistig gewachsen waren wie etwa Germaine de Staël, verabscheute er. Frauen, so fand er, hätten in der Politik nichts zu suchen; erst gegen Ende seines Lebens kamen ihm Zweifel an dieser Maxime.

Ungewöhnlichen Charakter trug seine Ehe mit Marie Louise. Er hat sie, die ihm aus politischen Erwägungen ausgeliefert wurde, sehr zartfühlend, taktvoll und außerordentlich aufmerksam behandelt. Als sie auf der Reise nach Paris im Schloß von Compiègne übernachtete, sah sie sich überrascht: In ihren Zimmern fand sie den in Wien zurückgelassenen Kanarienvogel und ihren kleinen Hund vor, sogar eine von ihr begonnene Stickerei lag dort. Der Mann, dem man Mangel an Takt vorwarf, hatte befohlen, durch einen Eilkurier das aus Wien zu holen, woran ihr Herz besonders hing, damit sie sich in der Fremde nicht so verlassen fühlte. Ob er sich seiner eigenen vereinsamten Jugendjahre erinnerte? Er hat sie auch nicht ein einziges Mal betrogen, was wohl auch damit zu tun hatte, daß beide sexuell miteinander harmonierten, worüber sich Napoleon im Exil auf St. Helena sehr offen und wenig zartfühlend aussprach. Nach der Abdankung 1814 hatte Marie Louise nichts Eiligeres zu tun, als sich ihrem österreichischen Landsmann Graf Neipperg in die Arme zu werfen. Daß sie ihren Ehemann so rasch vergaß, hat Napoleon tief getroffen, aber er sprach nie darüber und versuchte bis zu seinem Tod, die Illusion aufrechtzuerhalten, nichts davon zu wissen.

Vielleicht hat er wirklich nur seinen Sohn geliebt, dessen Bild in Longwood House über seinem Bett hing und dem seine letzten Gedanken galten. Zwar hatte er noch vor seiner Abdankung geschrieben: »Ich wollte lieber, daß man meinen Sohn erwürgte, als ihn jemals in Wien als österreichischen Prinzen erzogen zu sehen«, aber das waren letztlich doch Phrasen für die Propaganda, denn tatsächlich liebte er dieses Kind, vergötterte diesen Sohn, von dem er getrennt wurde, als der Junge gerade erst drei Jahre alt war. Sein Portrait nahm er sogar mit auf den Rußlandfeldzug und ließ es vor der Schlacht von Borodino vor seinem Zelt aufstellen, damit es seine Garde bewundern konnte. Dann aber sagte er: »Nehmt es fort, es ist noch zu früh für ihn, eine Schlacht zu sehen.« Eine rührende Szene, nur daß es ihn anschließend nicht kümmerte, wie viele Söhne er in dieser Schlacht seinem Traum von der Universalmonarchie opferte, denn: »Ein Mann wie ich schert sich einen Dreck um das Leben von einer Million Menschen!« – so hatte er dann ein Jahr später in Dresden Metternich angebrüllt. Auf St. Helena indes, als er sein Leben überdachte, sah er es anders, und er schrieb als sein Testament die bedenkenswerten Worte: »Mein Sohn darf meinen Tod nicht rächen, aber er soll Nutzen aus ihm ziehen. (...) Alle seine Bestrebungen müssen dahin zielen, durch Frieden zu herrschen. (...) Ich war genötigt, Europa durch Waffen zu bändigen, heute muß man es überzeugen.«

Aber dieser Sohn starb früh als Gefangener im goldenen Habsburger Käfig, macht- und einflußlos. Da niemand außerhalb Frankreichs auch nur das geringste Interesse daran hatte, diesen jungen Prinzen jemals auf dem französischen Thron zu sehen, sind alle Spekulationen müßig, ob er denn wohl des Vaters Mahnung beherzigt haben würde. Sein liebenswürdiger, eher weicher Charakter hätte es wohl nahegelegt.

Napoleon liebte seinen Sohn, so wie er überhaupt Kinder gern um sich sah und gutmütig mit ihnen umging. Der frühe Tod seines fünfjährigen Neffen Napoléon-Charles (Sohn seines Bruders Louis und dessen Frau Hortense de Beauharnais) berührte ihn nicht allein darum so schmerzlich, weil er den Neffen als seinen Thronfolger betrachtet hatte. Die Tochter von General Montholon, die an Zahnweh litt, bekam vom Kaiser ein Kinderlied vorgesungen. Das geschah in Longwood House, aber vorher, beim Aufenthalt in »The Briars«, dem Landsitz der Familie Balcombe, hatte die Umgebung einen gänzlich veränderten Kaiser erlebt. Der Mann, der sonst wegen seiner Ungeduld und Empfindlichkeit gefürchtet war, erwies sich als der gutmütigste Spielgefährte der vierzehnjährigen Betzy Balcombe. Sie durfte ihn nach Herzenslust ärgern, ihm weh tun, seine Sachen verstecken, überhaupt ihn ganz wie einen Altersgefährten behandeln, und Napoleon ließ sich alles geduldig und lachend gefallen, ja, er beteiligte sich unbefangen an ihren Scherzen. »Ich komme mir vor wie beim Maskenball«, sagte er vergnügt zu seinem Gefolge. Fast schien es, als wolle er hier ein Stück seiner freudlosen Jugend kompensieren.

Freunde besaß er nicht. Mit seinen alten Kriegsgefährten verband ihn zwar eine Soldatenkumpanei, der es letztlich doch nie an Distanz ermangelte, nicht aber Freundschaft, und spätestens beim Empfang der Kaiserwürde verschwand jedes vertrauliche Du aus der Anrede. Gewiß, er weinte, als er den sterbenden Marschall Lannes, dem in der Schlacht von Aspern beide Beine zerschmettert worden waren, ein letztes Mal besuchte, denn Lannes gehörte zu seinen ältesten Kameraden. Er vergoß auch Tränen, als er Abschied nahm von dem tödlich verwundeten General Duroc, der ihm schon seit 1796 als Adjutant gedient hatte, vielleicht der einzige, der vielleicht ein Freund hätte werden können. Aber die Verschlossenheit und die selbstauferlegte Unnahbarkeit Napoleons ließen Freundschaften nicht gedeihen; er war ohnehin davon überzeugt, daß alle Menschen nur den eigenen Vorteil im Sinn hätten und ihn einzig ausnutzen wollten.

Wenn überhaupt jemand diesen Mann ganz spontan und unmittelbar erlebte, dann waren es seine Kammerdiener, vor allem Constant und Marchand, die uns beide in ihren Erinnerungen einen sehr liebenswerten, zuweilen geradezu herzlichen Napoleon schildern, dankbar für ihre aufmerksame Betreuung. Denn wenn man diesem Mann auch nicht eben viele Tugenden nachrühmen kann, so ist die Dankbarkeit und das Gedächtnis für erwiesene Wohltaten nicht zu übersehen. Ob nun die Geschichte mit der Obstfrau zu Brienne tatsächlich in dieser Form vorgefallen ist, wie sie uns Johann Peter Hebel erzählt, ist nicht entscheidend, aber sie könnte sich sehr wohl so zugetragen haben, denn sie entsprach Napoleons Charakter, wie ihn andererseits gerade Undankbarkeit kränkte. Nach der Rückkehr als Besiegter vom Schlachtfeld von Waterloo traf er sich ein letztes Mal mit Benjamin Constant, dessen Verfassungsentwurf jetzt, angesichts des politischen Endes, nur noch ein historisches Dokument war. Beide, der Kaiser und der Schriftsteller, gingen im Garten des Elysée-Palastes auf und ab, als plötzlich der Ruf »Vive l'Empereur!« erscholl. Arbeiter hatten von der Straße aus Napoleon gesehen. Sie strömten zusammen und boten ihm, dessen Umgebung auf rasche Abdankung drängte, ihren Schutz an. »Sehen Sie«, sagte er daraufhin zu Constant, »diese habe ich nicht mit Ehren und Schätzen überhäuft. Was verdanken sie mir? Ich habe sie so gefunden und sie in ihrer Armut gelassen.« Das tiefe Vertrauen dieser Menschen bewegte ihn. Auch in Malmaison, wohin er sich anschließend zurückgezogen hatte, spielten sich ähnliche Szenen ab. In diesen letzten Tagen auf französischem Boden war er der Gast seiner Stieftochter Hortense, die ihm Einzelheiten vom Tod Joséphines berichten mußte, mit der er hier einmal seine glücklichsten Tage verbracht hatte. »Arme Joséphine! Ich kann mich nicht daran gewöhnen, ohne sie hier zu wohnen! Dauernd meine ich, sie aus einer Allee heraustreten und die Blumen pflücken zu sehen, die sie so sehr liebte!« Dann wurde ihm sein neunjähriger unehelicher Sohn Charles Léon vorgestellt, der allerdings nicht wußte, wer der Mann war, der mit ihm sprach und dem der Junge sagte, er liebe den König, den Kaiser hingegen nicht. Das tat weh.

Und dann kamen auch noch Madame Mère und die Brüder. Die Bonapartes haßten die Beauharnais von ganzer Seele, und den großen Bruder im Haus der verabscheuten Joséphine zu finden, betreut von Hortense, dürfte ihnen unangenehm genug gewesen sein. »Meine Familie«, so hatte er 1812 geklagt, als der Abstieg so vehement begann, »hat mich nie unterstützt. Meine Brüder sind so anspruchsvoll, als könnten sie sagen: ›Der König, unser Vater.‹«

Da war die gestrenge Madame Mère, die ihre Kinder in jungen Jahren auch schon einmal mit der Peitsche geschlagen hatte, wenn es nach ihrer Meinung not tat; selbst ihr Liebling »Nabulione« bekam noch als Siebzehnjähriger Mutters Hände zu spüren. Durch ihn war sie nun zu beträchtlichem Reichtum gelangt, den sie mit einem in ganz Frankreich berüchtigten Geiz zusammenhielt. Sie hatte ja der ganzen Herrlichkeit nie so recht trauen wollen. »Pourvou que ça doure« – wenn das nur dauert –, sagte sie in ihrem eigenwilligen Französisch ihre Lieblingsphrase. Und so raffte sie zusammen, was sie nur bekommen konnte, eine ewig unzufriedene, nörgelnde, leicht beleidigte Dame, aber doch auch allgemein geachtete Matrone.

Lucien lebte seit 1810 in London, nachdem er sich endgültig mit Napoleon entzweit hatte, und schrieb schlechte Verse. Immerhin aber stellte er sich 1815 seinem bedrängten Bruder zur Verfügung, anders als Joseph, der sich mit seinen Millionen 1815 in die USA absetzte und von dort aus alle Welt wissen ließ, Napoleon sei an allem schuld gewesen. Dabei hatte der ihm zuerst den Thron von Neapel und dann den von Spanien verschafft, was Joseph (Napoleon nannte ihn gern den »Faulenzerkönig«) dazu benutzt hatte, die Kunstschätze der ihm anvertrauten Länder als seinen Privatbesitz abtransportieren zu lassen.

Das hatte Louis Bonaparte in Holland nicht getan. Er hatte sogar dessen Krone niedergelegt, als ihm Napoleon eine eigenständige Politik untersagte, aber auch er ging als reicher Mann ins Exil, wo er sich mit dem Schreiben von Romanen beschäftigte und mit seinen vielen Krankheiten.

Nein, kein Bonaparte mußte darben. Jérôme nicht, der jüngste, der sein Königreich Westfalen als fröhlicher Verschwender ruinieren half, Elisa nicht, die als Großherzogin von Toskana den Bruder, dem sie alles verdankte, an die Alliierten verriet, um ihren Besitz zu retten. Und Caroline, als Murats Frau Königin von Neapel, handelte nicht anders. Sie zwang ihren Mann, der noch zur Treue bereit war, zum Abfall und ließ demonstrativ alle französischen Schiffe im Hafen von Neapel beschlagnahmen. Napoleon hat sie im Exil ausdrücklich verflucht, wobei noch die Frage ist, ob er das ganze Ausmaß ihres Verrats überhaupt erkannt hat. Einzig die bildschöne, erotisch äußerst freizügige Pauline, deren Lieblingsbeschäftigung die Liebe und die Pflege ihres vollkommenen Körpers war, hat dem gestürzten Bruder unwandelbar die Treue gehalten. Für sie gilt jenes Bibelwort, wonach ihr viel vergeben wird, weil sie viel geliebt hat.

Nach Napoleons endgültigem Sturz durften sie alle unbehelligt die Millionen verzehren, die sie dem Bruder verdankten, und – mit Ausnahme Paulines – nach Herzenslust den schmähen, ohne den sie nie etwas geworden wären. »Man hat oft meine Charakterfestigkeit gerühmt«, sagte der Kaiser bitter im Exil. »Aber meinen Verwandten gegenüber war ich nur ein Waschlappen, und sie wußten es genau. Nach dem ersten Donnerwetter trugen ihre Ausdauer und Zähigkeit doch immer den Sieg davon; nach einigem Sträuben ließ ich mit mir machen, was sie wollten.«

»Es wäre für Napoleon viel besser gewesen, wenn er keine Familie gehabt hätte«, meinte Stendhal. In der Tat gibt der drohnenhafte Clan der Bonapartes dem napoleonischen Epos possenhafte und peinliche Züge, rückt das Kaiserreich in die Nähe eines recht profitablen Familienunternehmens. Das von Napoleon geprägte Wort »Vom Erhabenen zum Lächerlichen ist nur ein Schritt«, das er auf der Flucht aus Rußland ständig wiederholte, trifft auch hier zu. Der napoleonischen Größe war stets etwas Komödiantisches beigemischt, freilich gibt ihr das auch ihre liebenswerten, menschlichen Züge.

Bei allen abstoßenden Eigenschaften und unverzeihlichen Handlungen ist es doch am Ende das menschliche Maß, das uns beeindruckt, weil wir die Zeitgenossen von Diktatoren waren oder sind, die eben jenes Maß vermissen lassen. Auch bei den hochfliegenden Träumen und Visionen von einer Universalmonarchie, einer Weltherrschaft, haftet seinen Vorstellungen etwas von einer kindlichen Weltbeglückung an. Gewiß, die Träume hätten sich niemals ohne Waffengewalt durchsetzen lassen, aber ihr Ziel bestand nicht aus Blutvergießen und Unterdrückung, aus Unterwerfung unter das Monstrum Ideologie, die ja immer die weitgehende Unterdrückung von Millionen als ganz selbstverständlich im Gepäck führt.

Napoleon verabscheute nichts mehr als die »Ideologen«, wie er sie nannte. Er selber dachte viel zu sehr als Pragmatiker, als daß er auf den Gedanken gekommen wäre, die Menschheit in ein ideologisches Korsett zu zwängen. Er stellte sich eine Welt vor, wie er sie partiell in Europa schon verwirklicht hatte, eine Welt, in der alle Menschen in absoluter Gleichberechtigung leben sollten ohne Ansehen von Volkszugehörigkeit, Rasse und Religion. Der Schönheitsfehler dieser Utopie lag nur darin, daß dem Pragmatiker die Realisierung doch recht undeutlich vor Augen stand, denn er hatte ja in Spanien selbst erleben können, wie undankbar dieses Volk sich zur Wehr setzte gegen seine Beglückungsversuche, daß auch der Katholizismus auf der Iberischen Halbinsel ein anderer war als in Frankreich oder in Italien. Das Nationalgefühl, das durch seine Besatzungs- und Unterdrückungspolitik nun erst richtig erwachte und in wenigen Jahren erstarkte, stellte er nie in Rechnung. Es ist wahr, er gab dem von ihm geschaffenen Königreich Westfalen eine vorbildliche Verfassung, und durch sie erfuhr dessen Bevölkerung durchaus unbekannte Wohltaten, etwa die Gleichheit vor dem Gesetz, die Gewerbefreiheit, die Freizügigkeit, die Aufhebung der Leibeigenschaft, freie Jagd und freier Fischfang, das Verbot jeglicher körperlicher Züchtigung beim Militär, aber dieses wunderbare Geschenk – wie nahe hätte es gelegen, aus diesem Königreich einen Musterstaat für ganz Europa zu machen – ließ der Stifter selbst rasch fragwürdig werden, indem er das Land als auszubeutendes Reservoir für seine Kriege betrachtete. Der vom Gutsherrn befreite Landmann mußte nun Napoleons Generalen gehorchen und durfte sich zum Ruhm des großen Kaisers totschießen lassen (natürlich ebenso der jetzt emanzipierte Jude); Getreide, Schlachtvieh und Pferde hatte der Bauer in einer wirtschaftlich unvertretbaren Höhe an die Armee zu liefern.

Als Napoleon Hamburg, Lübeck und Bremen dem Kaiserreich einverleibte, schöpften viele Kaufleute Hoffnung: Endlich würden sie ihre Waren, denen der Absatzmarkt England fehlte, zollfrei in das wirtschaftlich übermächtige Frankreich liefern dürfen. Ein schmerzlicher Irrtum. Als Zollinland galten die Städte nur für Frankreich, nicht umgekehrt. Der »Maulwurfshügel Europa«, wie Napoleon ihn nannte, unter der Trikolore geeint, das wäre angesichts der Progressivität und Effizienz des französischen Verwaltungsstaats keine schlechte Lösung gewesen, hätte Napoleon die Völkergemeinschaft als gleichberechtigt behandelt und sie nicht stets als Unterworfene betrachtet.

Der große Realist, der nüchterne Pragmatiker – gewiß, so darf man ihn oft genug sehen, so handelte er vielfach, aber ich glaube, daß der Traum von der Weltmonarchie und den ins Gigantische geplanten Alexanderzügen doch sehr knabenhaft genannt werden muß; da hatte ein erwachsener Mann die ihn begeisternde, zur Nachahmung anregende Plutarch-Lektüre seiner Jugend nicht vergessen können.

Zu seinen vielen unausgeführten Plänen gehörte auch das Projekt eines Zentralarchivs in Paris. Alle Archive Europas sollten in der Hauptstadt Frankreichs konzentriert werden; der dafür zu errichtende Gebäudekomplex hätte – wegen der Brandgefahr – nur aus Stein, Glas und Eisenträgern gebaut werden dürfen. Ähnliches hatte er ja schon mit dem »Musée Napoléon« verwirklicht, dem Sammelbecken seiner in ganz Europa sorgfältig geplanten und zielstrebig ausgeführten Kunsträuberei. Konsequent weitergedacht, hätte dann natürlich am Ende auch eine zentralgelenkte Weltwirtschaft stehen müssen, über deren praktisches Funktionieren er sich bestimmt nie Gedanken gemacht hat, haperte es doch oft genug mit der französischen Ökonomie, sobald nur Gerüchte das nationale Kreditwesen schon ins Wanken bringen konnten. Über solche Fragen ging der weitschauende Planer ebenso souverän hinweg wie über die meteorologischen Bedingungen bei seinen Feldzügen, die nie erwogen wurden, so daß etwa die Invasion Ägyptens ausgerechnet in der heißesten Jahreszeit erfolgte, was zu schweren Ausfällen bei der französischen Armee führte. Und ähnlich ahnungslos war auch der Rußlandfeldzug von 1812 vorbereitet worden, wo man fast alles bedacht hatte, nur nicht die Wetterbedingungen.

Die Universalmonarchie Napoleons war auf einen einzigen Menschen zugeschnitten: auf ihn selbst. Aber schon in Frankreich war die Nachfolge höchst unsicher, ehe der Kronprinz 1811 geboren wurde. Wie wenig aber auch der eine Garantie bot, erwies sich im doppelten Sinne erschütternd, als ein Jahr später der General Malet putschte. Eine Weltherrschaft, läge so etwas überhaupt im Bereich des Möglichen, setzt eine gesunde Demokratie voraus. In einer Demokratie wäre ein Mann wie Napoleon jedoch überflüssig gewesen. Die Beschneidung seiner Macht, wie sie die neue Verfassung Constants vorsah, hätte er – das ruhige Regieren nach 1815 vorausgesetzt – wohl nicht auf Dauer akzeptiert. Da hätte denn doch wohl der Instinkt reiner Machterhaltung über alle rationalen Erwägungen triumphiert, so liberal er sich auch damals gab.

Doch woher rührte seine ungeheure Faszination, besonders in Deutschland, das doch, so sollte man meinen, nicht eben viel Grund hatte, diesen Mann zu bewundern? Als sich Paul Valéry 1928 einige Notizen über das Phänomen Napoleon machte, lautete sein letzter Satz: »Was er im Verein mit Deutschland hätte vollbringen können.« Wer damals in einem der vielen hundert deutschen Duodezstaaten lebte und soviel Intelligenz besaß, über die enggesteckten politischen und geistigen Grenzen hinauszudenken, mußte wohl ganz zwangsläufig fasziniert sein von Napoleons Erscheinung. Die Verwaltungsstruktur Deutschlands war gegenüber Frankreich um gut fünfzig Jahre zurück. In dieses engstirnige, kleinkarierte, politisch belanglose Reich deutscher Zunge, dessen Fürsten und Adligen nie das Schicksal der Guillotine gedroht hatte, kam mit Napoleon ein Sturm des Geistes durch Fenster und Türen gefegt, wie wir ihn uns heute eigentlich kaum noch vorstellen können. Daß Deutschland bis 1813 stillhielt, ehe es sich dann endlich gegen Napoleon erhob, lag nicht allein an der militärischen Ohnmacht. Die Aufstände des westfälischen Obersten Dörnberg und des preußischen Majors Schill mußten schon deswegen scheitern, weil die Bevölkerung keinen Finger rührte, um ihnen zu helfen. Beim intellektuellen Deutschland – die scharf antinapoleonisch eingestellten Romantiker ausgenommen – weckte Napoleon Hoffnungen, die ins Grenzenlose reichten. Goethe feierte den Mann, den er am liebsten »mein Kaiser« nannte, als das »Kompendium der Welt« und warnte: »Bildet euch nicht ein, klüger zu sein als er.« Den Krieg von 1813 mißbilligte er: »Der Mann ist euch zu groß.« Der Philosoph Hegel dachte wie der Dichter. Er sah Napoleon am Tag vor der Schlacht von Jena als den personifizierten »Weltgeist« und schrieb in einem Brief: »Es ist in der Tat eine wunderbare Empfindung, ein solches Individuum zu sehen, das hier auf einen Punkt konzentriert, auf einem Pferde sitzend, über die Welt übergreift und sie beherrscht.«

Man könnte ein solches Wort nicht ärger mißverstehen, wollte man darin einen Ausdruck byzantinischer Gesinnung sehen. Tatsächlich sehnte sich fast jeder Mensch von Geist damals danach, des Heiligen Römischen Reiches Mottenkiste endlich und für immer zu zertrümmern, um dem deutschen Volk eine Zukunft zu eröffnen, nicht aber, um dem Franzosenkaiser den persönlichen Machtzuwachs zu ermöglichen. Man hatte von Napoleon groß gedacht und fand ihn klein handelnd.

Viele Deutsche haben bis heute immer wieder Napoleons Vorgehen mit der Ungunst der Umstände entschuldigt. In keinem Land außerhalb Frankreichs hat Napoleon so viele Anhänger, Bewunderer, Verehrer gefunden, und deutsche Regimenter haben sich für Napoleons Interessen mit Tapferkeit geschlagen. Hätte er allerdings Deutschlands Interessen zu den seinen gemacht, woran er freilich nicht entfernt dachte, hätte er die Fürsten zum Teufel gejagt, dann hätte er sich auf eine ihm treu ergebene Armee verlassen können. So aber führte er seine deutschen Bewunderer ebenso hinters Licht, wie er es auch mit den Polen getan hatte, denen er die politische Selbständigkeit in Aussicht gestellt hatte, sie dann aber im Stich ließ, weil er fürchtete, ein Ausgleich mit Rußland würde dann nicht mehr möglich sein.

Wie sah er die Deutschen? »Urteilen Sie doch selbst«, schrieb er 1811 an den Marschall Davout in Hamburg, »was zu befürchten ist von einem so braven, so vernünftigen, so kalten, so geduldigen Volk, das von jeder Ausschreitung so weit entfernt ist, daß kein einziger Mann während des Krieges in Deutschland ermordet wurde. (...) Wenn eine Bewegung in Deutschland ausbrechen sollte, dann wird sie am Ende für uns und gegen die kleinen Fürsten gehen.« Gut beobachtet, aber seine eigene Politik machte diese Voraussage zunichte. Auf St. Helena meinte er: »Gewiß ist eines: Hätte der Himmel gewollt, daß ich als deutscher Fürst geboren würde, so hätte ich durch all die vielen Wechselfälle unserer Tage hindurch die dreißig Millionen vereinigter Deutscher regiert, und soweit ich sie zu kennen glaube, scheint mir noch heute, daß, wenn sie mich einmal zu ihrem Kaiser gewählt und ausgerufen hätten, sie nie von mir abgefallen wären und ich jetzt nicht hier sitzen müßte.« Aber da schätzte er die deutsche Nibelungentreue wohl doch zu hoch ein, denn bei seiner Politik wäre auch der Weg als deutscher Diktator zielstrebig nach St. Helena gegangen.

Wenn er in den Jahren, die er im nassen, verrotteten Longwood House noch verbringen mußte, die Zeitläufte bedachte und in die Zukunft schaute, dann kamen ihm die großen Visionen. Im Gespräch mit Las Cases sagte er das Ende des Kolonialismus voraus: »Das Kolonialsystem, wie wir es früher kannten, ist für alle zu Ende, sowohl für England, das alle Kolonien besitzt, als für die anderen Mächte, die keine Kolonien mehr haben. Die Herrschaft über die Meere gehört nun unbestritten England. Warum geht es bei dieser ganz neuen Lage der Dinge auf dem alten gewohnten Wege fort? Warum schafft es sich nicht Verhältnisse, die ihm größeren Nutzen gewähren? Es sollte eine Art von Emanzipation seiner Kolonien ersinnen. Mit der Zeit werden viele sich von ihm losmachen, und es könnte jetzt den Moment benutzen, sich neue Verbindungen und günstigere Beziehungen zu sichern. Wäre es denn nicht möglich, von jeder einzelnen Kolonie zu verlangen, daß sie ihre Emanzipation für die Übernahme eines Teils der allgemeinen großen Schuld von dem Mutterland erkauft, so daß dann dieser Teil zu seiner besonderen Schuld würde? Das Mutterland würde sich seine Last erleichtern und dennoch im Besitz aller Vorteile bleiben.« Das klingt alles recht praktisch, vor allem, wenn man bedenkt, daß hier Frankreich namentlich gar nicht genannt wird.

Und er wußte auch, daß im angehenden zwanzigsten Jahrhundert nicht mehr der einzelne Staat politisch entscheiden würde, sondern nur noch zwei Machtblöcke: »Europa wird bald nur aus zwei feindlichen Parteien bestehen. Nicht mehr in Völker und Landstriche, sondern in Farben und Meinungen wird man sich teilen. Und wer kann die Krisen, die Dauer, die einzelnen Fälle solcher Stürme berechnen! Denn ihr Ausgang wird nicht zweifelhaft sein; Licht und Jahrhunderte schreiten nicht zurück!«

Erst als Napoleon tot und auf St. Helena begraben war, klärte sich Europas Verhältnis zu dem Gestürzten. Das Mitleid verdrängte immer mehr den Haß. Das ist so ungewöhnlich nicht:

Napoleon ist der einzige unter den großen Diktatoren der Weltgeschichte, der an seinem Lebensende einen Teil Schuld hat irdisch abtragen können. Nicht zufällig nannte man den Felsen von St. Helena im Atlantik den Kalvarienberg oder Prometheus-Felsen. In einer unbeschreiblichen Langeweile, chronisch krank, genervt von den Dauerintrigen seiner Umgebung, die ganz betont auf seinen Tod wartet, stirbt der Kaiser dahin. Seine Exekutionsbefehle büßt er im Hier und Heute, was darüber hinausgeht, wird er vor der Geschichte zu verantworten haben. Ein tiefes, uns anrührendes Wort hat er auf St. Helena gesagt: »Das Leiden fehlte meiner Laufbahn.«

Friedrich Karl von Strombeck, Stendhals Freund aus den gemeinsamen Braunschweiger Tagen, sah Napoleon im Sommer 1811 in Paris und schrieb später: »Seine Gesichtszüge werden durch die besseren Abbildungen, die man von ihm hat, ziemlich treu dargestellt; doch fand ich in seinem Gesicht eine gewisse Ruhe und einen Ernst, vergesellschaftet mit einem Zutraun einflößenden Wesen, welches der Pinsel oder Grabstichel schwer möchten darstellen können. Jetzt erst verstand ich einigermaßen, wie mir ein französischer General einst versichern konnte, wenn der Kaiser ihn anrede, so träten ihm Tränen in die Augen, so groß sei in einem solchen feierlichen Augenblick das Gefühl der Zuneigung und Liebe für seinen Feldherrn und Kaiser, welches ihn bewege.«

Und Strombeck beschließt seine Charakteristik mit dem denkwürdigen Satz: »Ein Held ist eine mächtige Naturerscheinung, und eine solche kann auf den von sinnlichen Eindrücken bewegten Sterblichen so einwirken, daß auch der Geist hingerissen wird.«

147

147 Napoleon auf dem Schlachtfeld von Eylau am 8. Februar 1807.
Gemälde von Antoine-Jean Gros (1808). Paris, Louvre.
Als Napoleon das Bild im »Salon von 1808« – der jährlichen Kunstausstellung im Louvre – sah, nahm er sein eigenes Kreuz der Ehrenlegion ab und heftete es dem Maler an die Brust, eine dieser wirkungsvollen, scheinbar spontanen Gesten, auf die er sich so gut verstand.
Gros erhielt außerdem eine zusätzliche Auszeichnung in Gestalt von 16000 Francs.

148

149

Der Zug über den Großen Sankt Bernhard mit der Armee am 20. Mai 1800 ist ein wichtiges Motiv in der Napoleon-Ikonographie.
148 Gemälde von Charles Thévenin (1808). Versailles, Musée de l'Histoire de France
149 Napoleon auf dem Sankt Bernhard. Gemälde von Jacques-Louis David. Berlin, Schloß Charlottenburg. David hat das Bild viermal gemalt. Die heroische Attitüde entsprach der Propaganda, nicht der Realität, denn der Erste Konsul überquerte den Paß auf einem Maultier und natürlich auch nicht in Paradeuniform. Diese Version des David-Gemäldes stammt aus Napoleons Arbeitszimmer und wurde von Feldmarschall Blücher als Kriegsbeute nach Berlin gebracht.
150 Napoleon empfängt am 18. Mai 1804 in der Galerie des Schlosses von St. Cloud den Senat, der ihn zum Kaiser der Franzosen proklamiert. Gemälde von Georges Rouget. Versailles, Musée de l'Histoire de France

151 Napoleon in der Schlacht von Jena am 14. Oktober 1806. Gemälde von Charles Thévenin.
Collection du Chateau du Grosbois

152 Napoleon empfängt die Schlüssel von Wien am 13. November 1805.
Gemälde von Anne-Louis Girodet-Trioson.
Versailles, Schloß

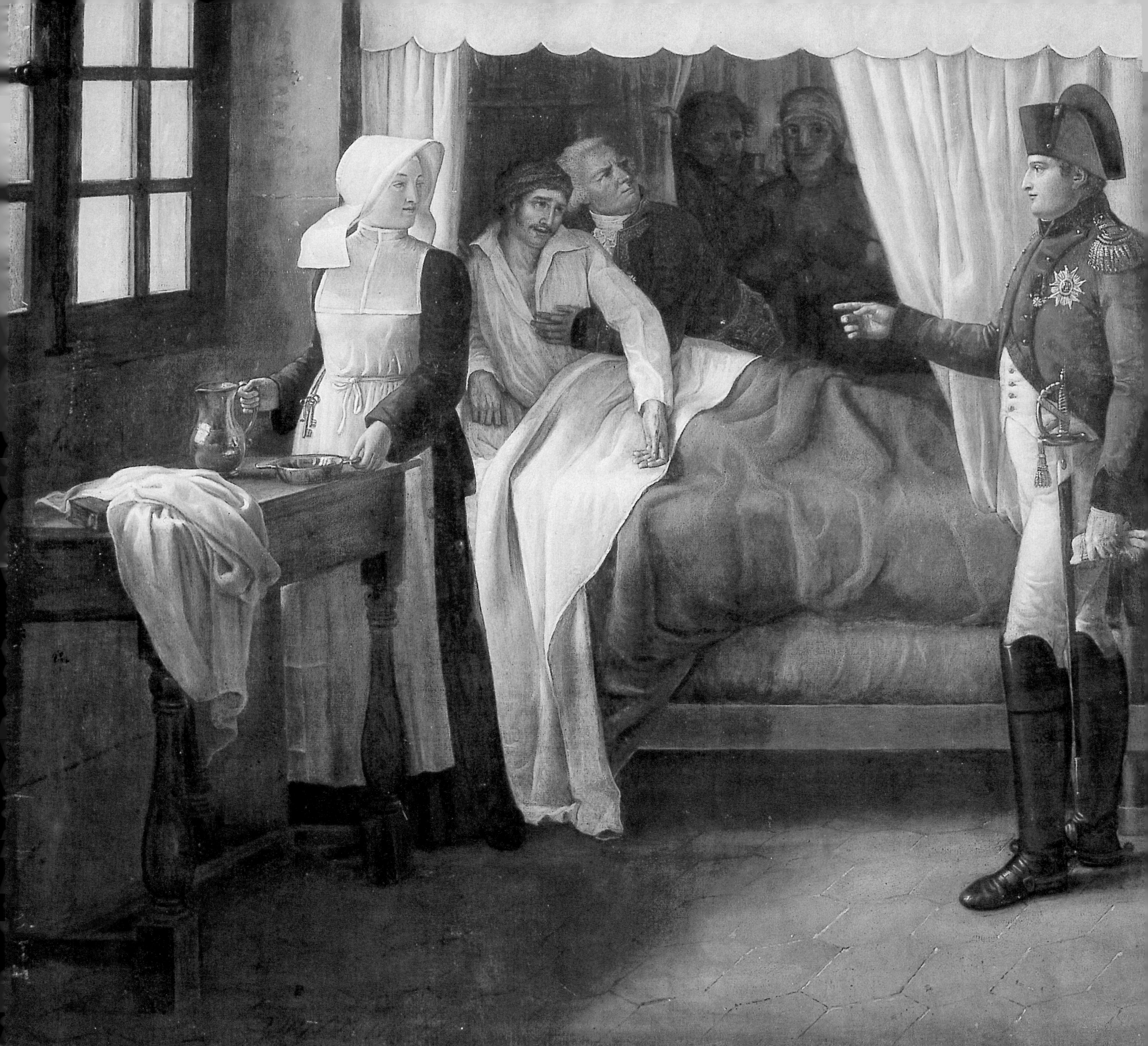

153 Napoleon besucht das Hospital des Invalidenhauses in Paris am 11. Februar 1808.
Gemälde von Alexandre-Paul-Joseph Véron-Bellecourt,
ausgestellt im Salon von 1812. Versailles, Musée de l'Histoire de France

154 Napoleon wird in Abensberg am 20. April 1809 von den bayerischen und württembergischen Truppen begrüßt. Gemälde von Jean-Baptiste Debret. Versailles, Musée de l'Histoire de France

154

155 Ordensverleihung an die Künstler durch Napoleon am 22. Oktober 1808. Gemäldeentwurf von Antoine-Jean Gros. Versailles, Musée de l'Histoire de France. Dargestellt ist der Augenblick, in dem Jacques-Louis David das Offizierskreuz der Ehrenlegion empfängt. Hinter David die anderen Ausgezeichneten (von rechts nach links): Anne-Louis Girodet-Trioson, Antoine-Jean Gros, Pierre Cartellier, Carlo Vernet, Pierre-Paul Prud'hon. Vorne links die schon früher dekorierten Maler François Gérard und Paulin Guérin.
156 Benjamin Constant. Gemälde eines unbekannten Künstlers. Paris, Musée Carnavalet
157 René de Chateaubriand. Gemälde von Anne-Louis Girodet-Trioson (1806). Musée de Saint-Malo. Napoleon kommentierte dieses Porträt mit dem Satz: »Er sieht aus wie ein Verschwörer, der durch den Kamin einsteigt.«
158 Germaine de Staël. Zeichnung von Jean-Baptiste Isabey (1801). Paris, Louvre

155

156

157

158

159

159 Pauline Fürstin Borghese als Venus.
Skulptur von Antonio Canova (1804). Rom, Galleria Borghese
160 Louis Bonaparte, König von Holland.
Gemälde von François Gérard. Paris, Musée Nationale
161 Joseph Bonaparte, König von Spanien.
Gemälde von François Gérard. Paris, Musée Nationale
162 Jérôme Bonaparte, König von Westfalen.
Gemälde von François Gérard. Paris,
Musée Nationale

160

162

161

163

165

164

166

167

168

163 Caroline Murat, Königin von Neapel, mit ihren Kindern. Gemälde von François Gérard. Fontainebleau, Schloß **164** Joachim Murat. Gemälde von François Gérard, ausgestellt im Salon von 1801. Versailles, Musée de l'Histoire de France **165** Elisa Fürstin Bacchiochi mit ihrer Tochter Napoleone-Elisa. Gemälde von Pietro Benvenuti. Fontainebleau, Schloß **166** Lucien Bonaparte. Gemälde von Robert Lefèvre. Paris, Schloß Malmaison **167** Hortense de Beauharnais. Selbstbildnis. Kohlezeichnung (1801). Arenenberg, Napoleon-Museum **168** Eugène de Beauharnais im Alter von fünfzehn Jahren. Gemälde nach Antoine-Jean Gros. Paris, Schloß Malmaison

170

169 Die am 7. Mai 1821 von dem britischen
Militärarzt Francis Burton abgenommene Totenmaske Napoleons
170 Entwurf für die Ausmalung der Kuppel des Pantheon. Gemälde
von Antoine-Jean Gros (1811). Paris, Musée Carnavalet.
Dargestellt sind vier Paare: Napoleon, Marie Louise und der König
von Rom (rechts unten), Clovis und die hl. Clotilde (links unten),
der hl. Ludwig und Margarete von Provence (rechts oben),
Karl d. Gr. und Hildegard (links oben)

171

171 Porzellantablett aus der Manufaktur Sèvres mit der Darstellung einer Parade vor Napoleon, gemalt von Jacques-François-Joseph Swebach (1813). Geschenk Napoleons für seine Schwester Elisa zum Jahreswechsel 1813/14. Hamburg, Museum für Kunst und Gewerbe

172 Quodlibet (Trompe-l'œil) mit dem Bildnis des Ersten Konsuls und zeitgenössischen Dokumenten, darunter der französisch-spanische Friedensvertrag. Gemälde von Laurent Dabos. Paris, Musée Marmottan

FRANÇAIS
TRAITÉ DÉFINITIF DE PAIX

173

173 Napoleon auf der Terrasse des Schlosses von St. Cloud mit seinen Neffen und Nichten. Im Hintergrund links der Leibmameluk Roustam und Diener, die einen Tisch mit Erfrischungen heraustragen. Napoleon ist der erste Herrscher, der begriff, wie wichtig es für die Propaganda ist, sich mit Kindern darstellen zu lassen. Gemälde von Jean-Louis Ducis, ausgestellt im Salon von 1810. Versailles, Musée de l'Histoire de France

174

174 Hochzeit des Prinzen Jérôme Bonaparte mit der Prinzessin Katharina von Württemberg am 22. August 1807 in den Tuilerien. Gemälde von Jean-Baptiste Regnault. Versailles, Musée de l'Histoire de France
175 General Bonaparte besucht am 11. März 1799 die Pestkranken in Jaffa. Gemälde von Antoine-Jean Gros, ausgestellt im Salon von 1804. Paris, Louvre

176 Die Fregatte »La Belle-Poule« mit dem Sarg Napoleons am 15. Oktober 1840 im Hafen von Cherbourg. Gemälde von Eugène Isabey. Versailles, Musée de l'Histoire de France
177 Die Grabstätte Napoleons im Tal der Geranien auf St. Helena
178 Der Sarkophag Napoleons im Invalidendom zu Paris

176

177

178

179 Denkmal Napoleons im Hof des
Invalidendoms zu Paris

FÜNFTES KAPITEL

ER LEBT UND BLEIBT IN DER WELT

Zu Beginn des Jahres 1815 kursierten in Frankreich unterderhand Bilder von Stiefmütterchen (französisch: pensée), deren Mitte ein kleines Napoleon-Portrait schmückte. Die Unterschrift: »L'Unique Pensée de la France«, was sowohl »der einzige Gedanke Frankreichs« wie »das einzige Stiefmütterchen Frankreichs« bedeutet. Gemalte Veilchensträuße zeigten als Vexierbilder das Profil des Kaisers, des »Père Violette«, der mit den ersten Veilchen wiederkehren würde. Und auch nach den Hundert Tagen, nach der zweiten schweren Demütigung Frankreichs, mangelte es nicht an ähnlichen Zeichen heimlicher und geradezu inbrünstiger Verehrung Napoleons.

Man sollte meinen, Frankreich und noch weit mehr die anderen europäischen Völker hätten spätestens nach Waterloo endgültig genug gehabt von Napoleon. Aber gefehlt: Die ihm feindliche Stimmung schwand von Jahr zu Jahr, dafür wuchs die Popularität bis zu einem wahren Kult. Für dieses erstaunliche Phänomen gab es gute Gründe. In Frankreich hatten die Bourbonen nichts begriffen und nichts dazugelernt. Statt wie Napoleon bei seiner Rückkehr von Elba die innere Befriedung obenan zu stellen und auf Abrechnungen zu verzichten, galt zuvörderst das Prinzip der Rache und der Vergeltung. So wurde der junge Oberst La Bédoyère, der in Grenoble die Garnison Napoleon zugeführt hatte, von einem Militärgericht zum Tode verurteilt und sofort füsiliert. Daß die Soldaten auch ohne Befehl zu Napoleon übergelaufen wären, hatte zwar der Bruder des Königs, der spätere Karl X., in Lyon selbst vor Augen geführt bekommen, aber es galt, Exempel zu statuieren. Und so wurde nun auch Marschall Ney vor die Gewehre eines Exekutionskommandos gestellt. Vergebens hatte er in der Schlacht von Waterloo den Tod gesucht, aber die Kugeln, die ihn dort nicht treffen wollten, fanden ihn nun in der Heimat. Die Hinrichtung des überaus populären Michel Ney empfand die französische Bevölkerung als einen himmelschreienden Justizmord. Anderen gelang es, noch rechtzeitig zu fliehen, so dem Postminister Lavalette; wieder andere beschlossen ihr Leben im Exil, so Frankreichs größter Maler Jacques Louis David. Ein besonderes Vergnügen bereitete es dem Adel, Napoleons alte *grognards* zu demütigen und aus der Armee zu jagen, vor allem das Offizierskorps zu säubern. Jeder Soldat trägt den Marschallstab im Tornister? Das könnte euch so passen. Von nun an zählte – wie vor 1789 – das Privileg aristokratischer Geburt. Mit der von Napoleon eingeführten Gleichheit vor dem Gesetz war es vorbei. Einst hatte der Kaiser gesagt, man werde später einmal bewundernd auf die Sieger von Austerlitz und Borodino weisen, aber das galt jetzt offiziell eher als Schande, freilich nicht in der Bevölkerung.

Von »Napoleon« oder gar »dem Kaiser« durfte nicht gesprochen werden. Wenn schon die Unperson unbedingt genannt werden mußte, dann sagte man »Buonaparte«. Doch wenn sich die alten Soldaten trafen, dann sprachen sie von »l'homme« – der Mann –, und jeder wußte, wer gemeint war. Oft genug trafen sie sich heimlich und des Nachts, vor Polizeispitzeln sicher, um Erinnerungen auszutauschen und vor allem von IHM zu reden, den sie vergötterten, auch wenn sie in seinem Dienst Gliedmaßen und Gesundheit opfern mußten. Man hatte es schließlich für IHN getan. Balzac hat in seinem Roman *Der Landarzt* geradezu bewegend geschildert, wie sich in einem Dorf abends die Bauern in einer Scheune versammeln, um dem alten Invaliden Goguelat zuzuhören, den sie gebeten haben, »vom Kaiser zu erzählen«. Und nun erzählt der alte Soldat eine wahre Begebenheit, bunt und naiv wie die Holzschnitte von Épinal. Balzacs Roman *Le Médecin de Campagne* ist 1833 erschienen, nachdem die Juli-Revolution endlich die Bourbonen hinweggefegt hat und die Regierung Louis-Philippes dem Napoleon-Kult nichts in den Weg legt. Denn Frankreich und mit ihm seine Regierung kann von der Erinnerung an nationale Großtaten der Vergangenheit für die Gegenwart nur gewinnen. Um 1835 erlangen die kolorierten Holzschnittbögen von Épinal, die Lithographien von Bellangé und Raffet eine ebenso große Beliebtheit wie die den Kaiser verherrlichenden Lieder von Béranger. Und dieser Heldenkult, für den es in der Geschichte keine Parallele gibt, beschränkt sich keineswegs auf Frankreich, sondern wird zum europäischen Phänomen, was Heine schon 1827 erkannte, als er anläßlich Walter Scotts Napoleon-Buch schrieb: »Vergebens macht Walter Scott den Advocatum Diaboli, die Heiligsprechung des toten Kaisers strömt aus allen edeln Herzen, alle edeln Herzen des europäischen Vaterlandes verachten seine kleinen Henker und den großen Barden, der sich zu ihrem Komplizen gesungen, die Musen werden bessere Sänger zur Feier ihres Lieblings begeistern, und wenn einst Menschen verstummen, so sprechen die Steine, und der Martyrfelsen St. Helena ragt schauerlich aus den Meereswellen und erzählt den Jahrtausenden seine ungeheure Geschichte.«

Die Nachricht vom Tod Napoleons erreicht Europa Anfang Juli 1821. Einer der ersten und ausführlichsten Nachrufe, und wohl auch der nobelste, erscheint am 5. Juli 1821 in der Londoner *Times*. »So ist im Exil und in der Gefangenschaft das ungewöhnlichste Leben, das die politische Geschichte kennt, zu Ende gegangen«, beginnt der anonyme Verfasser seinen Nekrolog. Er zeichnet den Weg des Offiziers bis zur höchsten Regierungsgewalt nach, die niemand mehr kontrollierte. Die schrankenlose Macht im Innern hätte Napoleon zu einer aggressiven Außenpolitik bestimmt. Aber er findet auch Worte der Würdigung, die für 1821 ganz ungewöhnlich sind: »Seine militärische Regierung zeichnete sich durch eine strenge und unparteiische Gerechtigkeit aus. Er verstand sich in hohem Grade auf die Kunst, den Eifer seiner Truppen anzuregen und ihre Anhänglichkeit zu gewinnen. Er war fest und treu in seiner Freundschaft und übte keine Rache, wenn es möglich war, Vergehen ungestraft zu übersehen. Nicht allein Franzosen, auch Mitglieder anderer Nationen, die Gelegenheit hatten, sich dem verstorbenen Kaiser zu nahen, bezeugen seine wunderbare Macht über die Menschen. Er scheint das Talent besessen zu haben, nicht allein zu befehlen, sondern, wenn es ihm gefiel, auch durch Vermittlung und Überredung seinen Willen durchzusetzen.«

Viele Dichter reagierten mit mehr oder minder gelungenen Versen auf das Ereignis: In Frankreich Alphonse de Lamartine und Victor Hugo, in England Percy Bysshe Shelley, in Rußland Alexander Puschkin. In ihren Strophen betonen sie das Tyrannentum, den Unmenschen, die Gottesgeißel. Einzig Alessandro Manzoni in Italien schreibt ein Gedicht, das in der Achtung vor der Würde des Todes und in der Vollkommenheit seiner Sprache und Bilder alles in den Schatten stellt, was das 19. Jahrhundert über Napoleon zu dichten wußte: »Il cinque Maggio« – der fünfte Mai, Napoleons Todestag –, begeisterte Goethe so sehr, daß er 1822 eine Nachdichtung versuchte, deren erste Strophe lautet:

»Er war – und wie, bewegungslos,
Nach letzten Hauche Seufzer,
Die Hülle lag, uneingedenk,
Verwaist von solchem Geiste:
So tief getroffen, starr erstaunt
Die Erde steht der Botschaft.«

In Österreich ist es der junge Franz Grillparzer, der ein Gedicht schreibt, das er allerdings nicht zu veröffentlichen wagt. Er charakterisiert Napoleon, wie es so viele Poeten tun und noch tun werden, als »Geißel Gottes«, als »Fieber einer kranken Zeit«, sieht ihn als Vollstrecker von Gottes Willen. Was aber eine Veröffentlichung unmöglich machte, war nicht die Schlußzeile »Er war zu groß, weil seine Zeit zu klein«, sondern die sehr bedenkenswerte Frage:

»Denn seit du fort, fließt nun nicht mehr das Blut,
In dem vor dir schon alle Felder rannen?
Ward Lohn den wider dich vereinten Mannen?
Ist heilig das von dir bedrohte Gut?
Ward Tyrannei entfernt mit dem Tyrannen?
Ist auf der freien Erde, seit du fort,
Nun wieder frei Gedanke, Meinung, Wort?«

Genau dies fragten sich die Völker. In Frankreich besaßen Aristokratie und Klerus eine Macht wie hundert Jahre zuvor, in Deutschland und Österreich herrschte eine rücksichtslose Unterdrückung jeglicher freien Meinung, war es schon Frevel, an das von den Fürsten gegebene Verfassungsversprechen zu erinnern, gehörte zu den Verdächtigen, wer 1813 als Kriegsfreiwilliger gekämpft hatte, denn gerade von diesen erscholl der Ruf nach Konstitution am lautesten. Das Spitzel- und Agentenwesen blühte, und schon ein unvorsichtiges Wort konnte jahrelange Haft nach sich ziehen. Nach 1817 durfte der Jahrestag der Völkerschlacht von Leipzig nicht mehr gefeiert werden. Das letzte Jubiläum, das auf der Wartburg von deutschen

Studenten gefeierte Fest, hatte Äußerungen provoziert, die höheren Orts nicht gern gehört worden waren. Da hatte nämlich ein junger Theologiestudent, ein dekorierter Kriegsteilnehmer, das gesagt, was die Studenten dachten: »Vier lange Jahre sind seit jener Schlacht verflossen; das deutsche Volk hat schöne Hoffnungen gefaßt, sie sind alle vereitelt: Alles ist anders gekommen, als wir erwartet haben; viel Großes und Herrliches, was geschehen konnte und mußte, ist unterblieben; mit manchem heiligen und edlen Gefühl ist Spott und Hohn getrieben worden.«

Eben dies ist der allgemeine Grundton. Wie begeistert waren diese jungen Männer in den Krieg gezogen, um Europa von Napoleon zu befreien. Und ein neues Europa mit Rechten, die eine Verfassung verbriefte, hatten ihnen die Fürsten versprochen, als sie noch um ihre Throne zittern mußten. Und dann war »der Mann« endlich besiegt und für immer bezwungen. Was aber nun folgte an Unterdrückung und Verfolgung, übertraf das französische Militärregime bei weitem. Ernüchtert stellten die Menschen fest, daß ihnen unter Napoleon mehr Freiheit gewährt worden war als unter ihren eigenen Fürsten. Manch einer begriff nun, daß »der Korse« nicht nur Ausbeutung mitgebracht hatte, sondern auch liberale, freiheitliche Ideen. Besonders schmerzhaft bekamen das jetzt die Juden zu spüren, denen man die von Napoleon gewährten Rechte wieder nahm, ja sie 1817 in Pogromen verfolgte. Der sich nach des Kaisers Tod allenthalben entwickelnde Napoleon-Kult ist nur so zu verstehen. Daß der junge Victor Hugo, der noch 1822 in seiner Ode *Buonaparte* den Toten als Gottesgeißel und Ungeheuer geschmäht hatte, nur vier Jahre später in dem Gedicht *Les deux Iles* ganz andere Töne anschlug und 1827 in einer Ode an die Vendôme-Säule Napoleon huldigte, zeigte die Reaktion des jungen Frankreich, bei dem sich Haß auf die Monarchie und Stolz auf die junge Vergangenheit mischten. Anders hätte die Reaktion in Deutschland sein müssen, das ein Opfer napoleonischer Politik geworden war. Tatsächlich aber sah man es hier ähnlich wie in Frankreich. Junge Poeten, wie Karl Immermann, August von Platen oder Joseph Christian von Zedlitz, die als Offiziere aktiv gegen Napoleon im Feld gestanden hatten, machten jetzt aus ihrer Bewunderung für den früheren Erzfeind keinen Hehl mehr. Keine zehn Jahre nach Napoleons Tod war aus dem verhaßten Despoten ein Symbol politischer Liberalität geworden. Das – zuweilen sogar begeisterte – Bekenntnis zu Napoleon bedeutete eine mehr oder weniger verschlüsselte Kriegserklärung an die politische Reaktion der Ära Metternich. Die sonst sehr aufmerksame und strenge Zensur ließ das passieren. Offenbar hielt sie den Kult um den toten und scheinbar ungefährlichen Napoleon für tolerabel.

»Wer also unter den Deutschen mag ihn bewundern?« hatte 1809 Heinrich von Kleist in seinem *Katechismus der Deutschen* gefragt und geantwortet: »Die robusten Feldherrn etwa und die Kenner der Kunst«, aber freilich erst dann, »wenn er vernichtet ist«. Für Heinrich Heine war diese Vernichtung eine europäische Katastrophe. Er bewunderte, ja vergötterte Napoleon und hatte dafür gute Gründe. Als Jude vergaß er nie, daß die Juden alle bürgerlichen Rechte, die sie jetzt verloren, dem Kaiser verdankten. Das Erstarken einer finsteren Reaktion ging damit einher, die Macht, die nun auch der Klerus zur Zeit der Heiligen Allianz zurückgewann, die systematische Verfolgung jeglichen revolutionären oder auch liberalen Gedankenguts nach dem Wiener Kongreß, die dumpfe Deutschtümelei, die Unfähigkeit der Regierungen, die mit dem Einsetzen des Industriezeitalters zunehmenden sozialen Spannungen und Ungerechtigkeiten zu bewältigen. Dies alles war Heine tief verhaßt, und er blieb sein Leben lang überzeugt, daß sich unter der Herrschaft Napoleons die Dinge anders entwickelt hätten, was partiell wohl auch richtig sein mochte, sofern solche Spekulationen erlaubt sind. Mit seiner Schrift über *Die romantische Schule* wollte er die Franzosen vor der deutschen Romantik warnen, der er den Verlust an gedanklicher Klarheit vorwarf, in der er einzig den Inbegriff reaktionärer Gesinnung sah, die er verantwortlich glaubte für Irrationalität und Chauvinismus, während Napoleon für ihn insgesamt das Symbol eines klaren und vernünftigen Denkens und Handelns bedeutete. In der Herrschaft Napoleons sah Heine die Verwirklichung der Idee vom geeinten Europa im Geist der Französischen Revolution. Gegen den großen Kaiser stand das kleinkarierte Biedermeier Metternichs.

Gewiß haben auch Liebe und tiefe Bewunderung für Napoleon ihm die Feder geführt, nicht minder aber die Lust, seine deutschen Landsleute kräftig zu provozieren, als er im *Buch Le Grand* (im zweiten Band der *Reisebilder*) folgende Sätze über den Einzug Napoleons in Düsseldorf schrieb, den er 1811 als Vierzehnjähriger miterlebt hatte. Fünfzehn Jahre nach diesem Ereignis – Heine verlegte es in der Erinnerung aus dem Herbst in den Frühling – nahm sich das so aus:

»Aber wie ward mir erst, als ich ihn selber sah, mit hochbegnadigten, eignen Augen, ihn selber, Hosiannah! den Kaiser. Er war eben in der Allee des Hofgartens zu Düsseldorf. Als ich mich durch das gaffende Volk drängte, dachte ich an die Taten und Schlachten, die mir Monsieur Le Grand vorgetrommelt hatte, mein Herz schlug den Generalmarsch – und dennoch dachte ich zu gleicher Zeit an die Polizeiverordnung, daß man bei fünf Taler Strafe nicht mitten durch die Allee reiten dürfe. Und der Kaiser mit seinem Gefolge ritt mitten durch die Allee, die schauernden Bäume beugten sich vorwärts, wo er vorbeikam, die Sonnenstrahlen zitterten furchtsam neugierig durch das grüne Laub, und am blauen Himmel oben schwamm sichtbar ein goldner Stern. Der Kaiser trug seine scheinlose grüne Uniform und das kleine, welthistorische Hütchen. Er ritt ein weißes Rößlein, und das ging so ruhig stolz, so sicher, so ausgezeichnet – wär ich damals Kronprinz von Preußen gewesen, ich hätte dieses Rößlein beneidet. Nachlässig, fast hängend, saß der Kaiser, die eine Hand hielt hoch den Zaum, die andere klopfte gutmütig den Hals des Pferdchens – Es war eine sonnigmarmorne Hand, eine mächtige Hand, eine von den beiden Händen, die das vielköpfige Ungeheuer der Anarchie gebändigt und den Völkerzweikampf geordnet hatten – und sie klopfte gutmütig den Hals des Pferdes. Auch das Gesicht hatte jene Farbe, die wir bei marmornen Griechen- und Römerköpfen finden, die Züge desselben waren ebenfalls edel gemessen, wie die der Antiken, und auf diesem Gesichte stand geschrieben: Du sollst keine Götter haben außer mir.

Ein Lächeln, das jedes Herz erwärmte und beruhigte, schwebte um die Lippen – und doch wußte man, diese Lippen brauchten nur zu pfeifen, – et la Prusse n'existait plus – diese Lippen brauchten nur zu pfeifen – und die ganze Klerisei hatte ausgeklingelt – diese Lippen brauchten nur zu pfeifen – und das ganze heilige römische Reich tanzte. Und diese Lippen lächelten und auch das Auge lächelte – Es war ein Auge klar wie der Himmel, es konnte lesen im Herzen der Menschen, es sah rasch auf einmal alle Dinge dieser Welt, während wir anderen sie nur nacheinander und nur ihre gefärbten Schatten sehen. Die Stirne war nicht so klar, es nisteten darauf die Geister zukünftiger Schlachten, und es zuckte bisweilen über dieser Stirn, und das waren die schaffenden Gedanken, die großen Siebenmeilenstiefel-Gedanken, womit der Geist des Kaisers unsichtbar über die Welt hinschritt – und ich glaube, jeder dieser Gedanken hätte einem deutschen Schriftsteller, zeit seines Lebens, vollauf Stoff zum Schreiben gegeben.«

Und diese – hier gekürzt abgedruckte Apotheose – gipfelt in dem Satz: »Sankt Helena ist das heilige Grab, wohin die Völker des Orients und Okzidents wallfahrten in buntbewimpelten Schiffen, und ihr Herz stärken durch große Erinnerung an die Taten des weltlichen Heilands, der gelitten unter Hudson Lowe, wie es geschrieben steht in den Evangelien Las Cases, O'Meara und Antommarchi.«

Heine, der provokant genug von »Napoleon – jeder Zoll ein Gott« sprach, war nicht der erste, der das christliche Glaubensbekenntnis parodierte. Schon 1803 war ein von einem evangelischen Pfarrer verfaßtes »Hannöversches Vaterunser« im Umlauf: »Stiefvater, der du bist in Paris, / Vermaledeit sei dein Name, / Dein Reich komme uns vom Halse...« Nach der Geburt des Königs von Rom kursierte eine Parodie auf den Englischen Gruß: »Gegrüßet seiest du, Luisa, Kaiserin in Frankreich, voll Napoleonischer Gnaden. Der Herr Napoleon ist bei dir, du bist gebenedeit unter den französischen Weibern...« Viele glaubten ernsthaft, man fände in der Offenbarung Johannis »von Bonaparte alles haarklein vorausprophezeit«, wie 1805 ein Berliner Maler in einem Brief berichtet; der Name des Königs der Heuschrecken, dessen griechische Form Apollyon lautet, sei einwandfrei mit Napoleon zu identifizieren. Eine Broschüre von 1814 versucht sich mit den Mitteln ausgefeilter Zahlensymbolik an dem Nachweis, daß die Zahl des »Tieres aus der Tiefe« (»... es ist eines Menschen Zahl und seine Zahl heißt sechshundertsechsundsechzig«, Offenbarung 13,18) exakt anwendbar sei auf den Namen »Imperator Napoleon«, wie es denn überhaupt an den kuriosesten Zahlen- und Buchstabenspielen (Anagrammen, Akrostichen etc.) nicht mangelte. Zwischen 1821 und 1840 war Europa geradezu überflutet von Traktaten, die von einem mysteriösen Entschwinden Napoleons von St. Helena zu berichten wußten oder in pseudogelehrter Attitüde nachzuweisen suchten, Napoleon habe tatsächlich niemals gelebt, sondern sei nur als eine Allegorie zu betrachten. Andere wollten dem Verbannten in allen Himmelsgegenden wie einem Ewigen Juden begegnet sein. Heines Anspielung auf das christliche Credo entsprach also durchaus dem geistigen Klima jener Jahre, existierte doch auch um 1830 das »Glaubensbekenntnis der Liberalen«: »Ich glaube fest an das Licht, das uns erleuchtet, an Napoleon, seinen eingeborenen Sohn, der empfangen ist vom Sieg, sitzend zur Rechten des Gottes Mars, getauft vom Ruhm, verschachert und ausgeliefert, niedergefahren zur Insel Elba, im elften Monat wieder auferstanden von den Toten, hochherziger und größer denn je...«

Die »Evangelien« von Las Cases, O'Meara und Antommarchi waren 1818, 1822 und 1825 veröffentlicht worden. Ihnen folgten in rascher Folge die Memoiren des Generals Rapp (1823), des Generals Ségur (1824), des Sekretärs Bourienne (1829) und die bändereichen, redseligen Erinnerungen der Herzogin von Abrantès (1831 bis 1835). Für Heine ist der Bericht Ségurs über den Rußlandfeldzug von 1812 nur mit den Epen Homers zu vergleichen; Stendhals Julien liest in *Rot und Schwarz* das *Memorial* des Las Cases fast wie eine Bibel, und Heine resümiert: »Diese Memoiren von Staatsleuten, Soldaten und edlen Frauen, wie sie in Frankreich täglich erscheinen, bilden einen Sagenkreis, woran die Nachwelt genug zu denken und zu singen hat, und worin, als dessen Mittelpunkt, das Leben des großen Kaisers, wie ein Riesenbaum, emporragt.« Zwei Jahre später (1828) sagt Goethe zu Eckermann über den Mann, den er so gern »mein Kaiser« nannte: »Sein Leben war das Schreiten eines Halbgotts von Schlacht zu Schlacht und von Sieg zu Sieg. Von ihm könnte man sehr wohl sagen, daß er sich in dem Zustand einer fortwährenden Erleuchtung befunden, weshalb auch sein Geschick ein so glänzendes war, wie es die Welt vor ihm nicht sah und vielleicht auch nach ihm nicht sehen wird.« Napoleon, so Goethe, sei einer der produktivsten Menschen gewesen, die je gelebt hätten: »Denn was ist Genie anders als jene produktive Kraft, wodurch Taten entstehen, die vor Gott und der Natur sich zeigen können und die eben deswegen Folgen haben und von Dauer sind.« Und da er in Napoleon das wie eine Naturkraft wirkende Schöpferische und Geniale sieht, findet er auch kein Wort des Bedauerns über dessen Sturz. Napoleon hat die ihm zugewiesene Aufgabe erfüllt und verläßt die Welt. Das ist – bei aller Bewunderung – eine gänzlich andere Perspektive als die Heines.

Ein Jahr später, 1829, erscheint mit Gottlieb Mohnikes *Napoleon. Stimmen aus dem Norden und Süden* die erste Lyriksammlung deutscher Sprache, die nur Napoleon zum Thema hat. Franz von Gaudy veröffentlicht 1835 seine *Kaiserlieder* und damit den zweiten Gedichtband eines deutschsprachigen Poeten (der erste: *Oden auf Seine Kaiserliche Majestät von Frankreich. Napoleon Bonaparte* erschien 1804 in Innsbruck und war »in tiefster Ehrfurcht geweiht von Johann Wenzel Rautenkranz«), der einzig der fast grenzenlosen Verherrlichung Napoleons gilt. Ihm folgt geradezu konsequent zwei Jahre später das *Liederbuch für die Veteranen der großen Napoleonsarmee von 1803 bis 1814* von Wilhelm August Lamey, ein Stück Gebrauchslyrik für die Napoleon-Verehrung jener Deutschen, die in Napoleons Regimentern gekämpft hatten. Denn in den deutschen Staaten des ehemaligen Rheinbunds gründeten die Veteranen der Grande Armée Vereine, in denen sie das Andenken des Kaisers feierten. Als Stiftungstag galt der 15. August, Napoleons Geburtstag; da kamen sie dann von weither, tauschten ihre Erinnerungen aus und sangen aus ihren Liederbüchern Strophen wie diese:

»Aber nichts gleicht dem Entzücken,
Wenn sich unsern heitern Blicken
Stellt das Bild des KAISERS dar, –
Der zu Sieg und Ruhm uns führte,
Frankreichs Thron so herrlich zierte,
Uns – ein treuer Vater war!

Darum wollen IHM zu Ehren
Jetzt ein volles Glas wir leeren;
Ruht ER gleich im Grabe schon! –
Heil dem Tag, der IHN geboren!
Treue Liebe sei geschworen
IHM, dem Held NAPOLEON!!!«

Diese Strophen stammen aus dem Büchlein *Lieder des Crefelder Veteranen-Vereins* mit der Überschrift »Am Stiftungsfest des Veteranen-Vereins ehemaliger Napoleonischer Krieger zu Crefeld im August 1848«. Der Verein zählte 1852 noch siebenundneunzig Mitglieder, und er erlosch, als 1884 der letzte Veteran »zur Großen Armee abberufen wurde«.

Angesichts solcher Weihestimmung läßt sich leicht vorstellen, wie sehr die Nachricht von der Überführung der Leiche Napoleons nach Frankreich die Menschen elektrisierte. Es war das Ministerium Thiers', das nach seiner Regierungsübernahme 1840 einen raschen innenpolitischen Erfolg brauchte und von England die Erlaubnis erhielt, Napoleons Leichnam von St. Helena nach Frankreich zu bringen, um ihn im Pariser Invalidendom beizusetzen. Mit zwei Schiffen brach eine Kommission nach St. Helena auf, der einige Männer vom letzten Gefolge Napoleons angehörten. In feierlicher Zeremonie und bei Fackelschein wurde nachts der Sarg exhumiert, wobei sich zu aller Überraschung zeigte, daß der Leichnam des Kaisers völlig unversehrt und ohne die geringsten Verwesungsspuren war. Welche Ursachen das auch immer gehabt haben mochte: Seine Verehrer werteten das Phänomen sofort als ein »Wunder«, wie es eben nur dem »weltlichen Heiland« geschehen konnte. Als die Fregatte mit dem Sarg im Hafen von Cherbourg eintraf, war ganz Frankreich auf den Beinen. Ein Dampfschiff brachte den Sarg die Seine aufwärts nach Paris in einer wahren Via triumphalis. Dort wurde er am 15. Dezember 1840 auf einem riesigen vergoldeten Katafalk, gezogen von sechzehn Rappen, zum Invalidendom gebracht. Die Veteranender Grande Armée waren von überallher gekommen und hatten nachts vor den Toren von Paris biwakiert, ihre alten Soldatenlieder gesungen und Erinnerungen ausgetauscht. Jetzt marschierten die schon ehrwürdigen *grognards*, vor allem die Soldaten der Kaisergarde, im Kondukt mit, den Heine in *Deutschland. Ein Wintermärchen* so eindrucksvoll beschrieben hat:

»Hab selber sein Leichenbegängnis gesehn,
Ich sah den goldenen Wagen
Und die goldenen Siegesgöttinnen drauf,
Die den goldenen Sarg getragen.

Den Elysäischen Feldern entlang,
Durch des Triumphes Bogen,
Wohl durch den Nebel, wohl über den Schnee
Kam langsam der Zug gezogen.

Mißtönend schauerlich war die Musik.
Die Musikanten starrten
Vor Kälte. Wehmütig grüßten mich
Die Adler der Standarten.

Die Menschen schauten so geisterhaft
In alter Erinnrung verloren –
Der imperiale Märchentraum
War wieder herauf beschworen.

Ich weinte an jenem Tag. Mir sind
Die Tränen ins Auge gekommen,
Als ich den verschollenen Liebesruf,
Das Vive l'Empereur! vernommen.«

Ja, zum erstenmal seit fünfundzwanzig Jahren erscholl in den Straßen von Paris wieder das vieltausendfache »Vive l'Empereur!« Und als der Sarg den Invalidendom erreicht hatte, annoncierten ihn zwei Herolde mit dem Ruf: »Der Kaiser!« Und der Herzog von Joinville, der Sohn König Louis-Philippes, meldete seinem Vater: »Sire, ich übergebe Ihnen den Körper des Kaisers Napoleon.« Und der König antwortete: »Ich empfange ihn im Namen Frankreichs.« Während des zweistündigen Trauergottesdienstes wurde Mozarts *Requiem* gespielt. Der greise Marschall Moncey, der im Rollstuhl dem Empfang an der Seite des Königs beigewohnt hatte, rief: »Jetzt will ich freudig sterben!« Aber damit ließ er sich dann doch noch über ein Jahr Zeit, ehe er die Augen endgültig schloß, achtundachtzig

Jahre alt. Das diplomatische Korps der auswärtigen Staaten war der Zeremonie demonstrativ ferngeblieben; schließlich hatten sie 1815 Napoleon geächtet.

Das Interesse ihrer Völker aber blieb weiterhin empfänglich für den »imperialen Märchentraum«. In Deutschland erschien schon bald nach der »Retour des Cendres«, wie man die Heimholung des kaiserlichen Leichnams nannte, ein illustrierter Band, *Die Todtenfeier des Kaisers Napoleon,* mit einem Frontispiz, das Napoleon darstellt als auferstehenden Christus in einer Gloriole, daruntergesetzt die Worte aus seinem Testament: »Ich wünsche, daß meine Asche an den Ufern der Seine ruhe, in Mitte des französischen Volkes, das ich so innig geliebt habe.« Das Bild, ein Stahlstich, wurde auch als Einblattdruck verkauft; die Marktsituation war dafür in Deutschland günstig. Die Darstellung Napoleons mit Heiligenschein wunderte niemanden. Denn als St. Napoleon, Schutzpatron der Soldaten, oder als St. Georg hatte man ihn schon vorher in Frankreich wie auch in Deutschland abgebildet, wie überhaupt das Interesse, sollte es zeitweilig nachgelassen haben, nun wieder mächtig angefacht wurde. Die Fülle der Memoiren jener, die ihm nahegestanden hatten, war um 1840 gewaltig angeschwollen, und vieles davon erschien in Übersetzungen in Deutschland und in England. Die interessierten Leser wurden schon 1838 mit dem Briefwechsel zwischen Napoleon und Joséphine in deutscher Übersetzung bekanntgemacht; vorher, 1835, war ein handliches Bändchen *Napoleons Urteile, Aussprüche und Äußerungen im Staatsrathe und im Privatleben* erschienen, ein Vademecum mit kaiserlichem Zitatenschatz für die Westentasche. Die erste umfassende Darstellung mit wissenschaftlichem Anspruch war die *Histoire du Consulat et de l'Empire* von Adolphe Thiers, dem Ministerpräsidenten Frankreichs, deren erster Band 1845 erschien und die erst siebzehn Jahre später mit dem zwanzigsten Band abgeschlossen wurde. Bis dahin hatte man sich aus mehr oder weniger unzuverlässigen Biographien informieren müssen, von denen die berühmteste zweifellos die polemische und verleumderische Darstellung Walter Scotts war (*Life of Napoleon,* 1827), die auch ins Deutsche und Französische übersetzt wurde. Auf den deutschen Markt kamen anonym *Napoleonische Gedichte* (Leipzig 1841). Ihnen folgten 1842 das mit Bildern reich geschmückte *Napoleons-Album* von Eduard Brinckmeier und 1843 die *Napoleonslieder* von Ernst Ortlepp.

In Frankreich aber hatte der neubelebte Napoleon-Kult auch direkte politische Folgen. Die Karriere des Kaiserneffen Louis Napoléon (er war der Sohn von Hortense) wäre ohne die Gloriole des gefeierten Namens nicht möglich gewesen. Nach seinem blutigen Staatsstreich ernannte er sich 1852 zum Kaiser von Frankreich und führte den Namen Napoléon III. Er war nur dürftiges Zerrbild seines großen Verwandten; dessen Fähigkeit, die Nation im Innern zu einigen und auszusöhnen, war dem ehrgeizigen Neffen nicht gegeben. Aber natürlich suchte er vom Glanz des großen Namens zu profitieren, so gut es ging. Er ordnete 1854 an, die gesamte Korrespondenz seines Onkels zu sammeln und zu drucken. Schon zwei Jahre später konnte der erste Band von zweiunddreißig Bänden erscheinen, und 1870 lag die Ausgabe geschlossen vor. Auch in der Musik wollte er es dem großen Vorfahren gleichtun, ihn aber möglichst noch durch Gigantomanie übertreffen. Hector Berlioz, Frankreichs größter Komponist um die Jahrhundertmitte, hatte 1846 vom Kriegsminister den Auftrag erhalten, eine Symphonie »Die Rückkehr der Armee aus Italien« zu schreiben. Aus diesem Auftrag entwickelte Berlioz den Plan für ein *Tedeum* zur Verherrlichung des Ersten Konsuls, dessen Realisierung er sich so vorstellte: »In dem Augenblick, da General Bonaparte die Gewölbe der Kathedrale betreten hätte, sollte der geheiligte Lobgesang von allen Seiten widerhallen, die Fahnen sollten geschwenkt und die Trommeln geschlagen werden, die Kanonen sollten donnern und die Glocken ihre machtvollen Stimmen erheben.« Das schrieb Berlioz 1849. Zur Aufführung in der Kirche Saint-Eustache kam es aber erst 1855, als der frischgekrönte Kaiser in Paris eine Industrieausstellung zu seinem Ruhm eröffnete. Ein regimentsgroßes Ensemble – u. a. zwei Chöre, ein sechshundertstimmiger Kinderchor, hundert Streicher, zwölf Harfen, eine Orgel, etwa hundert Bläser und starkes Schlagzeug – hatte der Komponist aufgeboten, wobei die Vertonung des *Tedeum*-Textes gekoppelt war mit Musik für militärisches Zeremoniell. Dem Geschmack dessen, dem da gehuldigt werden sollte, hätte dieses Opus maximus gewiß nicht gefallen, aber es entsprach in seinen ungewohnten Dimensionen so ganz dem Bombast des Zweiten Kaiserreichs, wie man es damals nannte.

Als der letzte Band der *Correspondance de Napoléon Ier* erschienen war, stürzte das längst morschgewordene Imperium des gekrönten Neffen recht ruhmlos zusammen. Was hatte er nicht alles getan, um dem Onkel zu gleichen? Als großer Feldherr wollte er glänzen, lieferte den Österreichern in Oberitalien erfolgreich einige Schlachten, und diesen Erfolg brauchte er auch, um mit ihm von den wachsenden innenpolitischen Schwierigkeiten abzulenken, die ihm schließlich so zu schaffen machten, daß er, das unabwendbare Ende seines Kaisertums vor Augen, noch einmal das Glück zwingen wollte: Dem noch nicht geeinten Deutschland erklärte er 1870 ohne Not den Krieg, wurde schon in den ersten Wochen besiegt und zum Gefangenen der Preußen. Danach vergaß man ihn schnell. Die Nachricht von seinem Tod im britischen Exil interessierte oder bewegte niemanden.

Eine besondere Geste, die Herzen auch der Nichtfranzosen zu gewinnen, hatte Napoléon III. sich 1857 einfallen lassen, als er die St.-Helena-Medaille stiftete. Dieser Orden, an einem grün-roten Band zu tragen, wurde an alle noch lebenden Veteranen der Großen Armee verliehen, einschließlich der Ärzte, Marketenderinnen und Soldatenkinder. Außerdem beschloß er am 5. Mai 1869 (Napoleons Todestag im Jahr des hundertsten Geburtstags), den Trägern der Medaille auch noch eine jährliche Pension in Höhe von zweihundertfünfzig Francs zukommen zu lassen, sofern sie schwer verwundet worden waren oder sich durch besondere Tapferkeit ausgezeichnet hatten. Im Jahr des Zusammenbruchs 1870 hatten 43 592 ehemalige Angehörige der Grande Armée Anspruch auf diese Pension. Der letzte starb am 3. Februar 1898, ein Mann, der dreiundachtzig Jahre zuvor noch an der Schlacht von Waterloo teilgenommen hatte und der kurz vor seinem Ende mit dem Kreuz der Ehrenlegion ausgezeichnet worden war.

Falls Napoléon III. geglaubt haben sollte, mit solchen Propagandagesten jenseits des Rheins Eindruck machen zu können, so hatte er die Realität verkannt. Die Veteranenvereine feierten das Andenken ihres Kaisers, nicht seines Neffen, und waren keineswegs gewillt, sich für Frankreich in die Pflicht nehmen zu lassen. Die deutsche Napoleon-Begeisterung war nach 1850 merklich schwächer geworden. Wie die Italiener so beschäftigten sich auch die Deutschen intensiver mit ihrer nationalen Einigung, der Napoleon einst erfolgreich vorgearbeitet hatte, wenn auch nicht, um Deutschlands Einigung zu befördern, als vielmehr, um große Staaten zu schaffen, die sich leichter in sein Allianzsystem einbinden ließen. Mit den Siegen über Dänemark, Österreich und die süddeutschen Staaten rückte Preußen als neue Großmacht jetzt in den Vordergrund und entzündete ein ganz neues nationales Selbstbewußtsein. Bei aller berechtigten Skepsis der anderen deutschen Staaten gegenüber Preußen: An ein Bündnis mit Frankreich dachte niemand, am wenigsten nach 1871, als das Zweite Kaiserreich aufgehört hatte zu existieren, das Land geschlagen und gedemütigt darniederlag, innenpolitisch erschüttert durch den Aufstand der Pariser Commune. Die hatte demonstrativ die von Napoleon errichtete Vendôme-Säule zur Erinnerung an den Sieg von Austerlitz zerstört und sich damit auch von der alten napoleonischen *gloire* distanziert.

Genau die aber mochte nun das geschwächte Frankreich als Heilkraft für den kränkelnden Nationalgeist nicht missen. Nicht, daß jemand dem entflohenen Louis Napoléon eine Träne nachgeweint hätte, aber das Land bedurfte der Erinnerung an Zeiten, da Frankreich einmal die politisch tonangebende Macht in Europa gewesen war und sein Wille in Europa die Gesetze diktierte.

Zur selben Zeit, da sich in Frankreich der Impressionismus entwickelte und der Malerei eine neue Richtung wies, blühte unvermindert die Historienmalerei, deren wichtigste Repräsentanten Ernest Meissonier und Édouard Detaille hießen. Immer neue Denkwürdigkeiten aus Familienarchiven wurden zum Druck befördert und ältere Memoirenwerke wieder aufgelegt; selbst Artikel des täglichen Bedarfs blieben von der Renapoleonisierung nicht ausgenommen. Schon vor 1850 waren Service – aus Porzellan, Fayence oder Steingut – in Mode gekommen, die Szenen aus dem Leben Napoleons abbildeten, so daß man auch beim Suppelöffeln stets den Sinn auf das Höhere lenken konnte.

Als Bildnis oder auch als Handgriff erschien Napoleon in, an und auf Flacons, Kalendern, Korkenziehern, Ladenschildern, Petschaften, Schuhlöffeln, Tabaksdosen, Taschenmessern, Thermometern, Tintenfässern, Tischklingeln, Uhren und Waffeleisen. Plakate warben für Napoleon-Camembert oder Napoleon-Schokolade, und ein britischer Tabakwarenhersteller warb für »St.-Helena-Cigars« mit dem Bild eines behaglich schmauchenden Napoleon, obwohl der Kaiser das Rauchen verabscheut hatte. Auf immer wieder neuen Postkartenserien sah man in nachgestellten Photographien Szenen aus dem Leben Napoleons, bevorzugt aus dem Familien- und Liebesleben bis hin zu ziemlich unappetitlicher Pornographie. Die ersten Worte einer Napoleon-Ode von Victor Hugo »Stets er! Überall er!« bekamen so ihre triviale Realität und bestätigten wieder einmal des Kaisers Wort, wonach es vom Erhabenen zum Lächerlichen eben nur ein Schritt sei.

Daß wenige Jahre vor dem Ersten Weltkrieg (fast gleichzeitig erschienen damals zwei Anthologien mit Napoleon-Lyrik) dann ein junger deutscher Dichter – Georg Heym – Napoleon fast in das Zentrum seines Denkens rückte, entstammte der Opposition Heyms gegen das Kaiserreich Wilhelms II., entsprang aber auch einer knäbischen Abenteuerlust, wie folgende Tagebuchnotiz vom Oktober 1911 bezeugt: »Warum war die Natur so verrückt, mich nicht unter Napoleon geboren werden zu lassen? Götter, mit welcher Begeisterung ich das ›vive l'empereur‹ geschrien hätte...« Oder noch stärker: »Wenn jemand beten wollte, zu wem könnte er beten, wenn nicht zu diesem Helden...« Im Jahr zuvor hatte er einen Zyklus von sechs Sonetten geschrieben unter dem Titel »Mont St. Jean«, dem französischen Namen für Waterloo. Bedeutende Lyrik ist es nicht geworden, an seine wirklich großen Verse reicht sie nicht heran. Ein Napoleon-Drama beschäftigte ihn zwei Jahre lang, aber er konnte es nicht vollenden, der Stoff entzog sich ihm. Er scheiterte daran, wie schon 1831 Christian Dietrich Grabbe mit seinem Napoleon-Drama.

Von der blinden Napoleon-Begeisterung Grabbes oder Heyms unterschied sich wesentlich Fritz von Unruhs 1927 veröffentlichtes Schauspiel *Bonaparte.* Sein Thema ist der Mord an dem Herzog von Enghien, mit dem Napoleon ein dreiviertel Jahr vor seiner Kaiserkrönung den letzten Widerstand gegen seine Alleinherrschaft zu brechen suchte. Unruh macht aus diesem Stoff ein leidenschaftliches, expressionistisch überhitztes Plädoyer für Gerechtigkeit, Freiheit und Menschenwürde und gegen eine heraufziehende Diktatur. Eine auf Mord gegründete Staatsgewalt ist nicht von Dauer, dies die Quintessenz des Stücks. So sympathisch auch Unruhs Versuch war, Bonaparte als ein sehr zeitnahes Diktatorenmodell zu sehen – sechs Jahre später bemächtigte sich Hitler Deutschlands –, so geeignet dieser damals aufsehenerregende politische Mord für ein Drama auch hätte sein können: Unruhs Stück wird ungenießbar durch seine überhitzte Sprache, durch seine Bonaparte-Figur, die viel zu sehr zappelnde Karikatur ist, um uns überzeugen zu können.

Drei Jahre nach Unruhs Stück erregte ein weiteres Napoleon-Drama Aufsehen, das aus Italien kam und in ganz Europa gespielt wurde: *Campo di Maggio* (deutscher Titel: Hundert Tage). Sein Verfasser – und das sicherte dem Stück seine große Resonanz – war Benito Mussolini, der Duce des faschistischen Italien. Sein Drama, am 30. Dezember 1930 in Rom uraufgeführt, ist eine unverhohlene Verherrlichung des Faschismus und des »starken Mannes«, napoleonisch kostümiert und großzügig im Umgang mit der historischen Wahrheit. Mussolinis Schauspiel kam zu einem für ihn günstigen Zeitpunkt auf die europäischen Bühnen (es wurde 1931, 1932 und 1933 in Ungarn, Frankreich, Deutschland, England und Österreich gespielt), denn allenthalben – England ausgenommen – artikulierte sich auf vielfältige Weise die Sehnsucht nach der Führerpersönlichkeit, die imstande wäre, die Völker aus der Wirtschaftskrise herauszuführen und den Besiegten (Deutschland und Österreich) zu neuem nationalem Hochgefühl zu verhelfen. Allerdings fand Mussolinis Drama in Deutschland kein sonderlich interessiertes Publikum, denn die Deutschen identifizierten sich lieber mit einem Großen aus den eigenen Reihen: mit Friedrich II. von Preußen.

Dennoch war man in Deutschland nach wie vor für das Charisma Napoleons empfänglich. Wie der einflußreiche Kreis um Stefan George ihn gesehen wissen wollte, zeigte klar die 1923 erschienene Biographie von

Berthold Vallentin. Seine Schlußsätze sind charakteristisch für Sprache und Denken des George-Kreises: »Napoleon zum Eröffner oder auch nur zum Träger der modernen Zivilisation zu machen, hieße sein erscheinungshaftes Wesen, sein großes persönliches Dasein nicht sehen zu wollen, hieße: Lodi, Ägypten, Brumaire, Austerlitz, Moskau, Elba, Waterloo, St. Helena, auf die Bedeutung politischer Tagesvorfälle verengen: während sie die ungeheuerlichen Ausbrüche einer wieder heraufsteigenden Weltkraft gegen den erstarrenden Zeitenfluß sind. Sie sind ewige Namen, indem sie diese Kraft über ihre Zeit hinaus in den Lauf der Geschlechter weiterleiten. Und es kommt wenig darauf an, welches Schicksal und Lage eines Volkes sei, welches seine Denk- und Staatsform, solange nur jene Namen noch gelten und, ihrer Kraft noch teilhaft, das Volk der unvergänglichen Gegenwart seines Helden gewiß machen.«

Wenn Vallentin schreibt, »St. Helena ist nicht zeitliches Ungefähr, nicht historisch-politisches Geschehnis, sondern schicksalhafte Vollendung unbedingter Schöpfermacht, ihre Erhöhung aus und über der Zeit in eine Sphäre, in die der Schatten des Prometheus ragt«, dann greift der russische Schriftsteller Dmitri Mereschkowskij 1928 diesen Gedanken auf und führt ihn – fast konsequent, möchte man sagen – weiter: Für ihn ist Napoleon nämlich ein Christuswesen, und Mereschkowskijs Hagiographie bedient sich leitmotivisch eines Satzes, den der Artillerieleutnant Bonaparte sich 1791 notierte: »Genies sind Meteore, bestimmt zu verbrennen, um ihr Jahrhundert zu erleuchten.« Mereschkowskij bemerkt dazu: »Verbrennen, Sterben, Opfer sein – das ist sein Los; das weiß er schon im Beginn seines Lebens und weiß es noch besser am Ende, auf St. Helena, unter dem Sternenbild des Kreuzes.« Napoleon sei »der letzte Held des Westens« gewesen, und Mereschkowskijs Heiligenlegende endet daher auch ganz folgerichtig mit den Sätzen: »Wir bringen niemandem mehr Gesänge dar, wenn wir das Abendlicht des Westens erblicken, das unsern letzten Helden mit einem Glorienschein des Ruhms umgibt. Das Abendlicht steht hinter ihm: deshalb ist sein Gesicht so dunkel, so unsichtbar, uns allen so unbekannt, und in dem Maße, wie das Licht erlischt, wird es immer dunkler, immer fremder. Vielleicht ist es aber nicht umsonst dem Osten zugewandt: die aufgehende Sonne des Sohnes wird es mit ihrem ersten Strahl erleuchten, und dann werden wir ihn sehen und erkennen. Ja, erst, wenn die Menschen erkannt haben werden, was der Menschensohn ist, werden sie auch erkennen, was Napoleon, der *Mensch*, ist.«

Napoleon, 1840 abgebildet als auferstehender Christus in Uniform und Stiefeln, Napoleon, für Heine »jeder Zoll ein Gott« und »weltlicher Heiland«, Napoleon, dem Georg Heyms Frage gilt: »Zu wem könnte er beten, wenn nicht zu diesem Helden ...« Bis hin zu Mereschkowskij zieht sich eine ununterbrochene Tradition einer religiös gefärbten Verehrung, wie sie in der Geschichte ohne Beispiel ist. Dies hat nichts mit dem Byzantinismus zu tun, wie er Hitler und Stalin entgegengebracht wurde, denn der Napoleon-Kult entwikkelte sich erst nach seinem Ende und hatte insofern seine Berechtigung, als die Feinde Napoleons ja nicht Mächte waren, die Freiheit und Gleichberechtigung verhießen, sondern ihn als Unterdrücker noch bei weitem übertrafen.

Als Mereschkowskijs Buch erschien, in die wichtigsten Sprachen übersetzt wurde und riesige Auflagen erlebte, hatte sich gerade auch das Medium Film Napoleons bemächtigt. Von 1925 bis 1927 arbeitete Abel Gance an einem Stummfilm, der den Auftakt bilden sollte zu einem wahrhaft gigantischen Filmzyklus über das Leben Napoleons, der über den ersten Teil aber nicht hinausgedieh und keine Zukunft hatte, weil kurz nach seiner Uraufführung der Siegeszug des Tonfilms begann. Dennoch ist der vollendete Teil dieses Films eines der bedeutendsten Zeugnisse in der Geschichte des Films überhaupt geworden, mit einer ganz neuen, ungewöhnlichen, das Experiment immer wieder suchenden Kameraführung, mit der Darstellung auf drei Leinwänden nebeneinander und mit einer noch heute überwältigenden Kraft der Mimik und Gestik. Was vorher oder später an Napoleon-Filmen gedreht wurde, ist nie über den Rang eines prächtigen Kostüm- und Schlachtenspektakels hinausgelangt (Sergej Bondartschuks *Waterloo* in einigen Sequenzen ausgenommen). Einzig das Filmmonument von Abel Gance vermittelt noch ein halbes Jahrhundert nach seiner Entstehung etwas von der ungeheuren Faszination, die der junge General Bonaparte ausgestrahlt haben muß und die ihn zum Hoffnungsträger so vieler Menschen gerade auch außerhalb Frankreichs hat werden lassen, weit über seine Zeit hinaus.

Der Ausbruch der Hitler-Diktatur und die Mordherrschaft Stalins haben dann die Begeisterung für den »Großen Mann« spürbar gedämpft. Als ein rührendes, hilfloses Zeugnis verspäteter Napoleon-Verehrung erschien 1935 in den Niederlanden der Roman *Die Hundert Tage* von Joseph Roth, ein künstlerisch mißratenes Buch, von dem eigentlich niemand zu sagen weiß, warum es Roth geschrieben hat, er selber am wenigsten. Einem Journalisten bekannte er, er habe »die Tragik eines Diktators« darstellen wollen, wovon in diesem künstlerisch dürftigen und unglaubwürdigen Roman, den Roth selber schon nach den ersten fertigen Kapiteln verfluchte, wenig plausibel wird.

Vielleicht hatte Fritz von Unruh, als er 1927 seinen *Bonaparte* auf die Bühne brachte, die von Hitler drohende Gefahr vor Augen, und die Beanspruchung Napoleons als einer Galionsfigur des faschistischen Italien durch Mussolini legt solchen Verdacht besonders nahe. Hitlers Gefolgsleute hingegen reagierten auf Napoleon eher unsicher. Zur Verherrlichung der Führerpersönlichkeit, zur Glorifizierung der Macht und des Eroberertums schien er zwar nur allzu geeignet, aber dem standen doch einige recht gewichtige Seiten seines politischen Handelns und seines Schicksals entgegen. Denn zunächst einmal war er nicht der Freund, sondern der Gegner Deutschlands und Österreichs gewesen, der Bezwinger, derjenige, der aller Welt »Deutschland in seiner tiefen Erniedrigung« gezeigt hatte. Sodann war der gänzlich unideologische Napoleon wenig brauchbar, einer fanatischen Mörderideologie zum Leitstern zu dienen, zumal er eine betont judenfreundliche Politik verfolgt hatte, also auch als antisemitischer Eideshelfer aus der Geschichte nicht brauchbar war. Dennoch ließ sich diese Gestalt nicht völlig umgehen, und so erschien 1941 zum Erstaunen vieler eine Napoleon-Biographie von Philipp Bouhler. Der Verfasser war nicht irgendwer, er versah das Amt des Chefs der Hitlerschen Reichskanzlei, so daß wir wohl vermuten dürfen, sein Buch sei gleichsam in höchstem Auftrag verfaßt worden. Die ideologische Linie dieses unseriösen Machwerks lag auf der Hand: Napoleon erscheint als der Mann des Schicksals, der einem größeren, der da kommen soll, vorarbeitet bei der Neuordnung Europas und dem dabei einzig England im Wege ist. Die beiden Schandtaten Napoleons – die Erschießung des Herzogs von Enghien und der schäbige Betrug an der spanischen Königsfamilie zu Bayonne – sind die ohne weiteres zu rechtfertigenden Handlungen eines Realpolitikers. Hitler versuchte noch im Erscheinungsjahr dieses Buches, sich dadurch Frankreichs Gunst zu vergewissern, indem er anordnete, die Gebeine des »Königs von Rom« oder »Herzogs von Reichstadt« von Wien nach Paris zu überführen. Politisch erreichte er damit nichts; die napoleonische Karte ließ sich in Frankreich nicht mehr ausspielen. Das wäre auch überraschend gewesen bei einer Nation, die zwar eine »Rue Bonaparte« in Paris zuläßt, aber keine Straße, die den Namen »Napoléon« trägt. Es gibt auch kein Napoleon-Denkmal in Paris, es sei denn, man betrachtete den kleinen und den großen Triumphbogen als ein solches. Auch die Geldscheine, die nach 1945 für einige Jahrzehnte in Umlauf waren, trugen nur das Bild des jungen Revolutionsgenerals, nicht aber das des Kaisers. Der gab zwar 1969 zum zweihundertsten Geburtstag Anlaß zu einigen großen Ausstellungen, nicht aber zu einer Neubelebung eines wie immer gearteten Napoleon-Kults. Und eine neue bedeutende Napoleon-Dichtung hat es auch in Frankreich nicht mehr gegeben.

Das, was Napoleons Einzigartigkeit ausmacht, läßt sich nicht an seiner Persönlichkeit darstellen, die allzu heterogene Züge aufweist. Neben dem großen Gesetzgeber oder – am Ende seines Lebens – neben der Gestalt mit fast tragischen Zügen steht der geborene Komödiant, der brutale Zyniker, der skrupellose Machtmensch. Neben dem Liebenden, dem zärtlichen Vater, dem Freund der Künste steht ein Mann von oftmals erschreckender Roheit und Menschenverachtung. Man könnte nun meinen, dieses Bündel der widersprüchlichsten Motive, aus dem sich Freunde und Feinde stets nach eigener Vorliebe bedient haben, wenn es galt, ihn zu zeichnen und zu verzeichnen, gebe für die poetische Gestaltung einiges her. Doch: Nicht das

Individuum Napoleon Bonaparte war für die Dichter interessant, sondern einzig die Ausstrahlung, die Wirkung dieses Mannes auf seine Zeit und Mitwelt, ihr Glanz, ihre Widersprüchlichkeit.

Natürlich kann man um die Affäre des entführten und ermordeten Herzogs von Enghien ein Drama schreiben: Dem Vorgang mangelt es nicht an dramatischen Höhepunkten. Aber mit seinem unwürdigen Verhalten in diesem Vorgang ist Napoleon nicht zu charakterisieren. Viele Herrscher vor und nach ihm hatten mehr Opfer auf dem Gewissen, haben sich weit schäbiger verhalten.

Bis heute sind etwa eine halbe Million Publikationen über Napoleon und seine Zeit erschienen. Darunter sind große Biographien, darunter sind bedeutende Memoirenwerke und Aufzeichnungen über ihn von Zeitgenossen. Diese erst haben das Bildnis Napoleons geformt, und es ist auch kein Zufall, daß Goethe und Heine von dieser Lektüre nicht genug bekommen konnten, suchten sie doch beide den Schlüssel zum Verständnis eines Wesens, das sie leibhaftig erblickt hatten, das ihnen aber zeitlebens unerklärlich geblieben ist. Jeder Dichter, der sich seinen Anteil aus dem Dasein Napoleons wählte, bearbeitete letztlich einen Stoff, der schon künstlerisch geformt war – von der Hand des Historikers oder des sich erinnernden Zeitgenossen, von denen etliche – etwa der General Ségur in seiner Darstellung des Rußlandfeldzugs – als poetische Begabungen charakterisiert werden müssen. Das eigentliche Kunstwerk aber hatte Napoleon selbst geschaffen, frühzeitig um eine Stilisierung seiner selbst für die Nachwelt bemüht, dem seine letzten Lebensjahre auf St. Helena noch das hinzufügten, was er aus eigener Kraft nicht vermocht hätte: die Aura des Leidenden, des geopferten, des gequälten Menschen, eine Aura, die ihn von jeglichem Verbrechen freizusprechen schien, die Passion.

»Die Geschichte der Wirkung Napoleons ist beinahe die Geschichte des höheren Glücks, zu dem es dieses ganze Jahrhundert in seinen wertvollsten Menschen und Augenblicken gebracht hat«, urteilte Friedrich Nietzsche. Ein kühnes, ein außerordentliches Wort, auch wenn wir das Wörtchen »beinahe« nicht übersehen sollten. Aber Nietzsche hat seine ganz eigene, höchst subjektive Perspektive, die mehr mit seiner eigenen Philosophie und seiner Vorstellung vom Übermenschen zu tun hat als mit einer politisch-analytischen Geschichtsdeutung. Für Friedrich Nietzsche ist Napoleon »das Hauptereignis des letzten Jahrtausends«, von dem er schwärmte: »Das antike Ideal selbst trat leibhaft und mit unerhörter Pracht vor Auge und Gewissen der Menschheit.«

Aber so wie auch dem Napoleon-Verehrer Heine nicht immer ganz wohl ist bei seiner anbetenden Haltung und auch ihn gelegentlich Zweifel an der Makellosigkeit seines Idols befallen, muß auch Nietzsche einräumen, Napoleon sei »durch die Mittel, die er anwenden mußte, korrumpiert worden«, und so habe er »die Noblesse des Charakters verloren«. Auch spricht er einmal im Zusammenhang mit Napoleons Herkunft »vom Pöbel oder Halbpöbel«. Nicht müde wird Nietzsche, einer der schärfsten Kritiker seines Volkes, den Deutschen die Schuld an Napoleons Untergang vorzuhalten, denn sie hätten mit ihren »Freiheitskriegen« (die Nietzsche ironisch in Anführungszeichen setzt) »Europa um den Sinn, um das Wunder von Sinn in der Existenz Napoleons gebracht«. Deutschlands Kampf gegen Napoleon sei überhaupt die Ursache für die »Verewigung der Kleinstaaterei Europas«. Ähnlich hatte ja auch lange vor Nietzsche schon Heine behauptet, der Sieg Deutschlands über Napoleon sei der Sieg des Irrationalismus über die Klarheit und die Vernunft gewesen. Obwohl beider Gedanken nicht abwegig sind und manches für sie spricht, stellen sie dennoch Ursache und Wirkung auf den Kopf und verkennen, daß gerade das Element der Selbstzerstörung in Napoleon angelegt war. Sein Unbewußtes schuf ihm seinen eigentlichen Todfeind und Überwinder.

Über das höchst ambivalente Verhältnis zwischen Napoleon und den Deutschen – in dieser Form finden wir es bei keinem anderen Volk – hat sich schon 1824 Graf Ségur Gedanken gemacht. Vor allem rätselte er über die erstaunliche Ergebenheit der Deutschen: »In Deutschland fand er weniger Anhänglichkeit, aber vielleicht eine größere Ehrfurcht. Die Deutschen, besiegt und unterworfen, schienen aus Eigenliebe oder aus Neigung zum Wunderbaren den Glauben zu hegen, Napoleon sei ein übernatürliches Wesen, erstaunt und gleichsam bezaubert wurden diese gutmütigen Völker in der allgemeinen Bewegung fortgerissen.« Und etwas später ergänzt er: »Es war überhaupt eine merkwürdige Erscheinung, daß alle diese Deutschen den größten Eifer für eine Sache bewiesen, die ihnen fremd war und sogar als feindlich erscheinen konnte. Wetteifernd stürzten sich alle in die Gefahren, um die Achtung der Großen Armee und Napoleons Lob zu gewinnen. Ihre Fürsten zogen den einfachen silbernen Stern der französischen Ehrenlegion ihren reichsten Ordensbändern vor. Damals schien noch alles von Napoleons Geist geblendet und überwältigt. Ebenso großartig in der Belohnung, wie schnell und schrecklich in der Strafe, glich er einer Sonne, von der alles Leben und alle Güter ausgehen. Für viele Deutsche hatte außerdem ein Leben, das so sichtbar das Gepräge des Wunderbaren trug, etwas Anziehendes und war für sie ein Gegenstand enthusiastischer Bewunderung.« Man habe Napoleon »fast alle höheren Hoffnungen dieses Jahrhunderts« zu verdanken, urteilte Nietzsche in *Der Wille zur Macht,* als wollte er die Worte Ségurs noch einmal ausdrücklich bestätigen.

Karl Friedrich von Strombeck schrieb 1833: »So hat man auch unzählige Male gesehen, daß sich gemeine Soldaten an das Pferd Napoleons drängten, um die Knie ihres Kaisers zu umfassen und seine Stiefel zu küssen. Sie vergaßen bei dem Zauber seiner Nähe, daß sie für ihn den Eltern und Geliebten entrissen, daß sie für ihn so manche Nacht auf nackter Erde durchwacht, daß er sie dem fast sichern Tode entgegenführe: nur den Helden sahen sie, nur fühlten sie des schönen Frankreich Größe. Ein Held ist eine mächtige Naturerscheinung, und eine solche kann auf den von sinnlichen Eindrücken bewegten Sterblichen so einwirken, daß auch der Geist hingerissen wird.«

Wer auch urteilte und wie immer dieses Urteil ausfiel: Das 19. Jahrhundert war einer auch nur halbwegs abwägenden Betrachtung des Phänomens Napoleon nicht fähig, die zeitliche Nähe war doch zu groß. Als Hugo von Hofmannsthal 1921 zum einhundertsten Todestag Napoleons einen Aufsatz schrieb, war nicht nur ein Jahrhundert vergangen, sondern der Erste Weltkrieg hatte auch das Erbe des 19. Jahrhunderts zerstört. Aber auch Hofmannsthal kann, bei aller Nüchternheit seiner Würdigung, weder das Phänomen Napoleon erklären noch sich seinem Zauber entziehen, wenn er etwa schreibt: »Jedes schwächere Individuum braucht Dinge oder Komplexe, die ihm aufhelfen, weil es immer wieder sich von sich selbst verlassen fühlt. Das ist seine Lage nicht. Er hat die Herrschaft über sich selbst, das ganze Wesen bleibt immer von einem Punkt aus zusamengehalten. Er kommandiert seinen Körper, sein Gedächtnis, seine Geduld, seinen Zorn. Denkkraft und Wille marschieren vereint. Jeder könnte so sein, fast niemand ist so.«

Unabhängig von Hofmannsthal stellt Paul Valéry 1928 in seinen *Cahiers* verwandte Überlegungen an. »Seine Magie rührt daher, daß er ein Mann der *Ideen* war, Erfinder – und gleichwohl Beobachter«, schreibt er und kommt dann zu der Erkenntnis: »Napoleon schlägt diejenigen in seinen Bann, die lieben, was sie gewollt und mit Willenskraft gemäß Berechnungen und im Hinblick auf einen bestimmten Zweck durchgeführt/vollbracht haben. Es gibt nichts Schöneres – doch ist dergleichen nicht außerhalb der Künste möglich – (wenn überhaupt!).« Schon 1905 hatte sich Valéry bewundernd notiert: »Napoleons Idee, sich seines gesamten Geistes zu bedienen und ihn geordnet und kraftvoll zum strategischen Einsatz zu bringen, anstatt sich den Zufällen des Erinnerungsvermögens und der Triebregungen anheimzugeben.«

Das mit großer Phantasie, mächtiger Willenskraft und einem außerordentlichen Gedächtnis begabte Individuum Napoleon: Seine Faszination rührt wohl auch daher, daß er ein Beispiel dafür gibt, wessen ein Mensch fähig ist, der alle Energien einem einzigen Ziel unterordnet und zuwendet. Eben dies bewunderten Paul Valéry und so viele andere, auch dann, wenn sie Napoleons immer wieder beschworenem Feldherrnruhm wenig Geschmack abzugewinnen vermochten.

Aber Hofmannsthal und Valéry kannten zum Zeitpunkt ihrer Aufzeichnungen die Taten Hitlers und Stalins nicht, denn auch diese haben der Welt nachdrücklich vor Augen geführt, wessen ein Mensch fähig ist bei einer überdurchschnittlichen kriminellen Energie, die ein verhängnisvolles Charisma bemäntelt. Beim Nachdenken über Napoleon wird man zwangsläufig an solche Diktatoren erinnert und begreift im Vergleichen dann auch wieder, wie unstatthaft solche Parallelen sind. Man kann sich gar nicht oft genug klarmachen, daß Napoleon das menschliche Maß nicht überschritten hat und bei allen Verbrechen, die er verantwortete, doch niemals das Böse als eigentliches Lebensziel vor sich sah. Hitler und Stalin mögen der kalten Bewunderung von Verbrechern gewiß sein, aber niemals jener liebenden Bewunderung, die ein Napoleon trotz allem bei so vielen Menschen gefunden hat und findet. Das mag damit zu tun haben, daß man in Napoleon schon frühzeitig so etwas wie einen irregeleiteten Genius erkannt hat, ein geistiges Potential, das auf diese Erde mit einem anderen Auftrag geschickt worden war als dem, den er dann ausführte. Die Menschen lieben nun einmal das Wunderbare, und ihr Herz fliegt jenen zu, die sie vermuten lassen, auch sie könnten einem ähnlichen Stern folgen und dabei dem Unstern entgehen. Im Dasein Hitlers und Stalins – und fast aller Diktatoren – fehlt jene Dimension, ohne die wir uns Napoleons Dasein nicht vorstellen können: Die Jahre der erzwungenen Buße auf St. Helena, als der scheinbar Allmächtige aus der alles und alle blendenden Sonne seines Ruhms und seiner Stärke wahrlich ikarisch hinabstürzte in ein Dasein der Gefangenschaft, Demütigung und chronischen Krankheit. Gewiß, der Gefangene von St. Helena war alles andere als ein bußfertiger Sünder. Die Fehler, die er zugab, waren jene, die ihm am Ende den Thron gekostet hatten. Das Gefühl persönlicher Schuld blieb ihm jedoch fremd, ja er ließ sogar ausdrücklich in sein Testament aufnehmen, die Umstände hätten ihm geboten, den Herzog von Enghien erschießen zu lassen, und er würde in ähnlicher Situation jederzeit wieder so handeln. Das verkleinert seinen Rang als Mensch, das befleckt seine Würde als qualvoll Sterbender. Aber nur diese Jahre der Erniedrigung machen ihn eigentlich menschlich, weil wir ihm nun nicht mehr unser Mitleid verschließen können. Genau aber diese Dimension fehlt den Diktatoren unseres Jahrhunderts, denen jegliche Ahnung von Größe und Leiden ermangelt.

Weder Alexander der Große noch Julius Caesar, mit denen Napoleon immer wieder verglichen worden ist, haben bis heute zu so kontroversen Ansichten geführt, wie sie die Persönlichkeit des Napoleon Bonaparte immer wieder hervorgerufen hat. Auch heute noch scheint eine ruhige, sine ira et studio formulierte Beurteilung kaum möglich. Dafür war dieser Mensch eine allzu widersprüchliche Erscheinung, sind seine Taten und seine Hinterlassenschaften nur schwer wirklich gerecht zu bewerten.

»Dieser große Mann wird immer unbekannter«, schrieb schon 1837 Stendhal über den »erstaunlichsten Menschen«, der seit den Tagen Alexanders gelebt habe, und ich muß Mereschkowskij recht geben, wenn er schreibt: »Je mehr wir über ihn erfahren, desto weniger kennen wir ihn.« Eine Bibliothek von Memoiren haben seine Zeitgenossen über ihn verfaßt, wir kennen seine Briefe, seine Schriften, und wir besitzen einige hunderttausend Publikationen über alle Facetten seines Lebens, nicht eine ist ausgelassen. All dies zusammen ergibt aber nicht ein Bild dieses Rätsels Napoleon, sondern viele tausend Bilder, die ihm alle gleichen, oder besser: ihm nahekommen an gewisser Ähnlichkeit. Und dabei wird es auch bleiben. Sobald wir glauben, seiner habhaft geworden zu sein, entzieht er sich uns wie ein anderer Proteus. Und das ist es wohl, warum er nichts von seiner Faszination eingebüßt hat und die Menschen auch weiterhin zwingt, sich mit ihm auseinanderzusetzen.

Der junge Friedrich Hölderlin hat das geradezu prophetisch vorausgesehen, als er 1797 dem jungen General, dem Staunen Europas, diese Verse widmete:

»Heilige Gefäße sind die Dichter,
Worin des Lebens Wein, der Geist
Der Helden, sich aufbewahrt,

Aber der Geist dieses Jünglings,
Der schnelle, müßt er es nicht zersprengen,
Wo es ihn fassen wollte, das Gefäß?

Der Dichter laß ihn unberührt wie den Geist
[der Natur,
An solchem Stoffe wird zum Knaben
[der Meister.

Er kann im Gedichte nicht leben und bleiben,
Er lebt und bleibt in der Welt.«

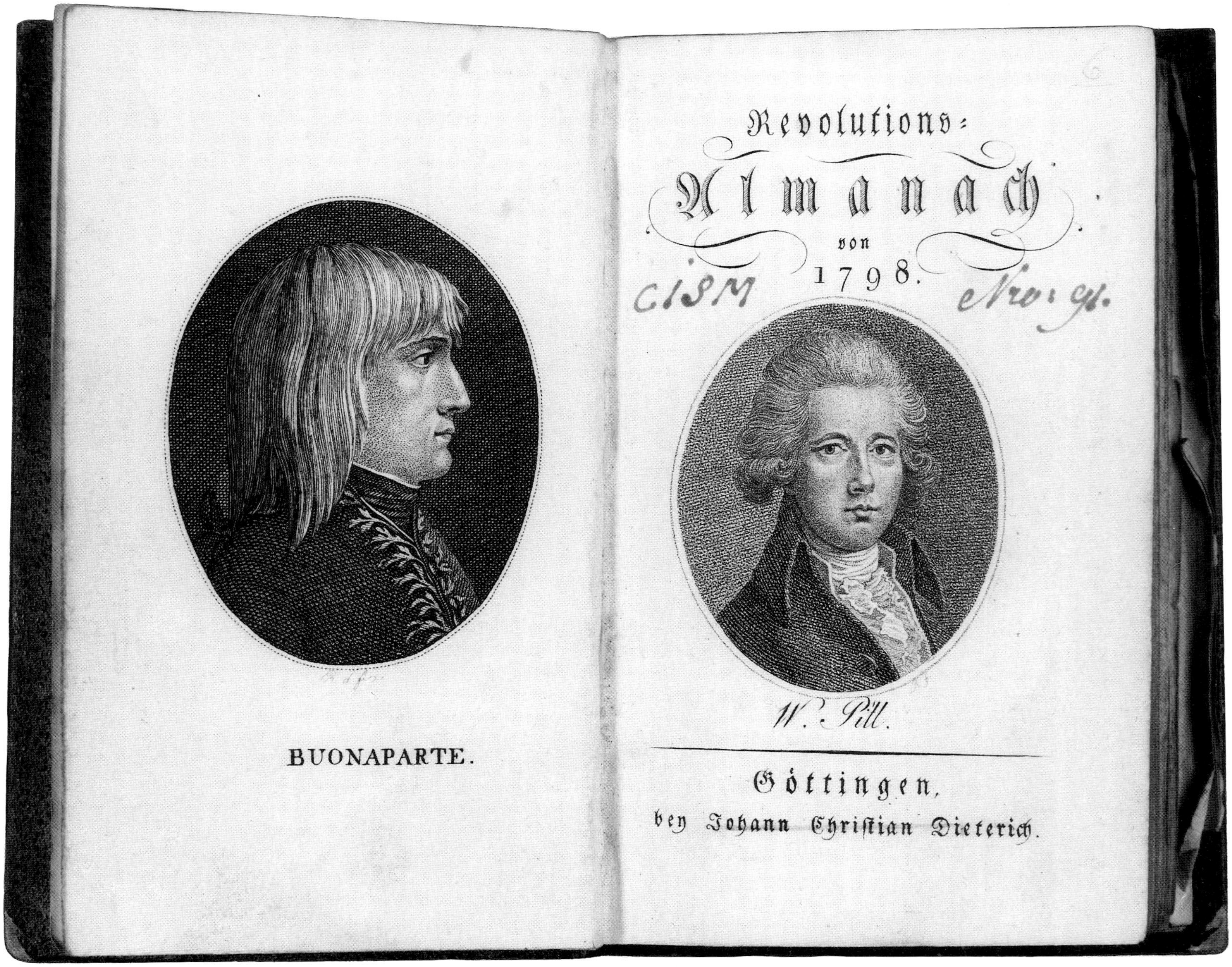
Revolutions-Almanach von 1798.

W. Pitt.

Göttingen, bey Johann Christian Dieterich.

BUONAPARTE.

181

Oden auf Seine Kaiserliche Majestät von Frankreich. Napoleon Bonaparte.

In tiefester Ehrfurcht geweiht von Johann Wenzel Rautenkranz von Innsbruck.

1804.

182

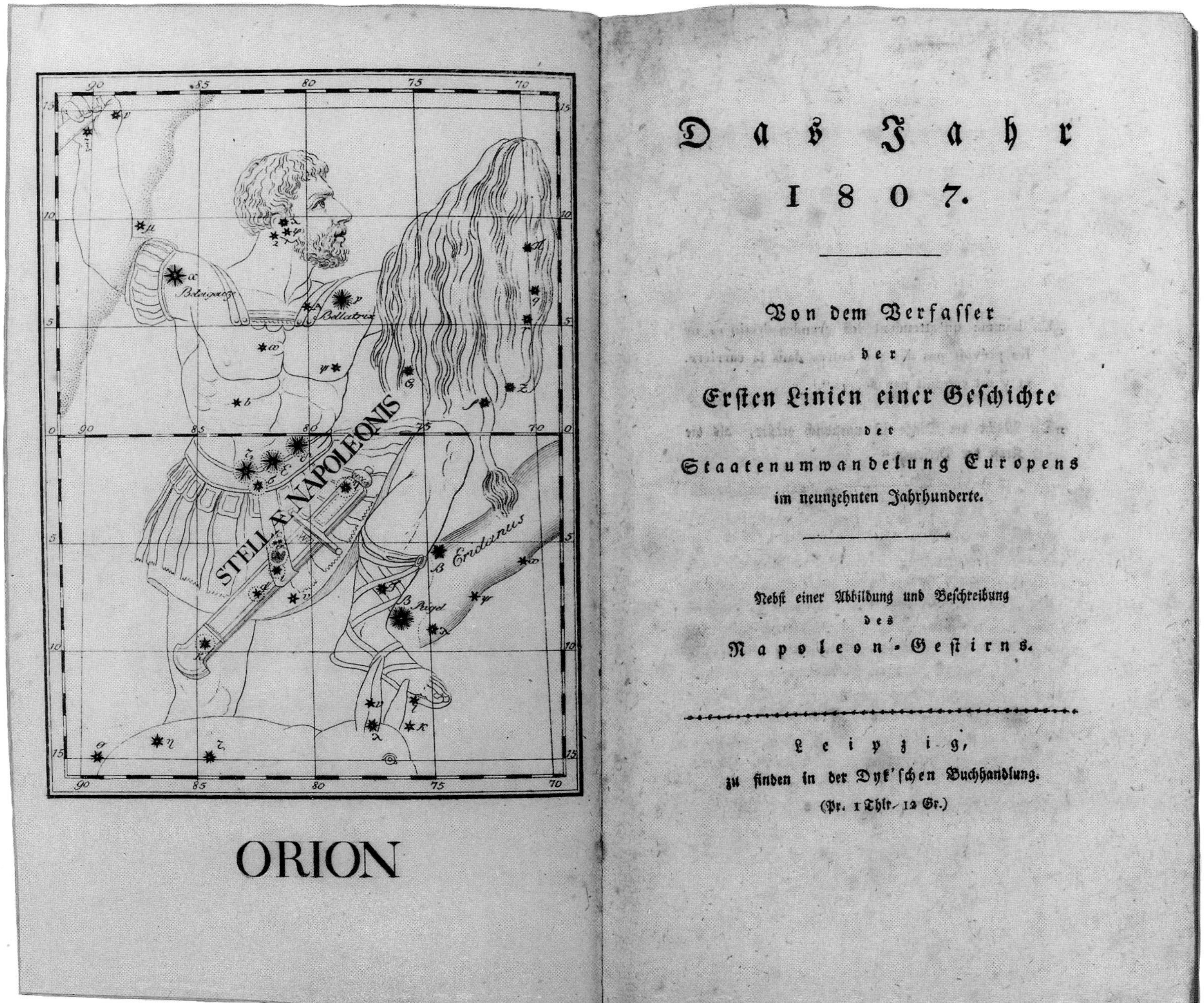

183

184

180 »Sie murrten, aber folgten ihm immer.« Radierung von Denis Raffet
181 Der in Göttingen erscheinende »Revolutions-Almanach« brachte in seiner Ausgabe auf das Jahr 1798 erstmals in einer deutschen Buchpublikation das Bild des Generals Bonaparte.
182 Der österreichische Dichter Johann Wenzel Rautenkranz veröffentlichte 1804 eine ausschließlich Napoleon verherrlichende und ihm »in tiefster Ehrfurcht« gewidmete Gedichtsammlung, die erste in deutscher Sprache.
183 Die »Napoleon-Sterne« im Bild des Orion, eine Huldigung Leipziger Astronomen 1807 an den Kaiser
184 Napoleon als auferstehender Christus. Deutscher Stahlstich (1840)

185 Davids Gemälde von der Kaiserkrönung Napoleons wurde erstmals 1808 öffentlich ausgestellt und erregte Aufsehen und Bewunderung. Napoleon selbst besuchte den Salon von 1808, verharrte schweigend vor dem Bild Davids, »und dann«, so ein Augenzeuge, »macht er zwei Schritte auf David zu, hebt seinen Hut und sagt mit einem leichten Neigen des Kopfes und erhobener Stimme: ›David, ich grüße Sie.‹« Als Ausdruck seiner Anerkennung erhielt der Maler vom Kaiser 70000 Francs. Die auch von den ersten Malern seiner Zeit mitgetragene Propagandakunst wurde von Napoleon mit Auszeichnungen und Geldprämien gefördert. Das französische Volk sollte täglich an den unvergleichlichen Glanz des Kaiserreichs erinnert werden und so den Gedanken an den hohen Blutzoll des Landes in den Hintergrund drängen. Der Besuch der Museen und Ausstellungen – im sogenannten Salon wurden jährlich die neuentstandenen Kunstwerke gezeigt – war kostenlos, und manchem mißfiel die »verabscheuenswerte Menge« von »Lastträgern, Fischfrauen, Dienstboten«, die man früher an solchen Stätten nie gesehen hatte. Aquarell von Louis-Léopold Boilly. Privatbesitz

186

187

188

186 Napoleon der Große, Kaiser von Frankreich, König von Italien.
Zeitgenössischer Kupferstich. Berlin/DDR, Deutsche Staatsbibliothek
187 Napoleon setzt den Kult der Israeliten wieder ein, 30. Mai 1806.
Zeitgenössischer Kupferstich. Berlin/DDR, Deutsche Staatsbibliothek
188 Der heilige Napoleon, Schutzpatron der Krieger. Zeitgenössische Graphik.
Als Kalenderheiligen des 15. August, seines Geburtstags, wünschte Napoleon sich von der Kirche einen eigenen Heiligen. Die Kirche, die dank Napoleons Wohlwollen an Einfluß und Macht gewonnen hatte, zeigte sich erkenntlich: Sie schuf einen Sankt Napoleon, angeblich ein römischer Offizier, der den Märtyrertod gestorben war. Tatsächlich existierte ein solcher Heiliger nicht, und er verschwand nach Napoleons Sturz auch ganz schnell wieder aus dem Kalender.

189

189 Die Apotheose Napoleons.
Fresko von Andrea Appiani (1810).
Mailand, Palazzo Reale,
im Zweiten Weltkrieg zerstört
190 Napoleon Bonaparte,
Büste von Antonio Canova.
Rom, Museo Napoleonico Primoli

190

Zeittafel
Das Zeitalter Napoleons

1769
Napoleon Bonaparte wird am 15. August in Ajaccio (Korsika) geboren

1789
Ausbruch der Französischen Revolution

1792
Beginn der Kriege mit dem revolutionären Frankreich

1793
Eroberung Toulons. Napoleon wird Brigadegeneral

1795
Ernennung zum Divisionsgeneral

1796
Heirat mit Joséphine de Beauharnais. Oberbefehlshaber der Italien-Armee

1797
Friedensschluß von Campo Formio mit Österreich

1798
Expedition nach Ägypten

1799
Rückkehr aus Ägypten. Staatsstreich vom 18. Brumaire (9. November). Napoleon wird Erster Konsul

1801
Frieden von Lunéville mit Österreich und Frieden von Amiens mit England

1802
Napoleon wird Konsul auf Lebenszeit

1803
Erneuter Krieg mit England

1804
Napoleon wird zum Kaiser der Franzosen gekrönt. Einführung des *Code Napoléon*

1805
Niederlage der Österreicher und Russen in der Schlacht von Austerlitz. Frieden von Preßburg mit Österreich

1806
Gründung des Rheinbunds. Auflösung des Heiligen Römischen Reiches Deutscher Nation. Krieg mit Preußen, das in der Doppelschlacht von Jena und Auerstedt vernichtend geschlagen wird

1807
Frieden von Tilsit mit Preußen und Rußland. Das Königreich Westfalen wird geschaffen

1808
Napoleon annektiert Spanien. Kongreß von Erfurt. Napoleon begegnet Goethe und Wieland

1809
Krieg mit Österreich. Niederwerfung des Tiroler Aufstands. Frieden von Schönbrunn. Napoleon läßt sich von Joséphine scheiden

1810
Heirat mit Marie Louise, der Tochter des österreichischen Kaisers Franz I.

1811
Geburt des Thronfolgers mit dem Titel »König von Rom«

1812
Krieg mit Rußland. Der Feldzug endet nach sechs Monaten mit einer katastrophalen Niederlage Napoleons

1813
Nach der Niederlage bei Leipzig (»Völkerschlacht«) muß Napoleon das gesamte rechtsrheinische Gebiet räumen. Auflösung des Rheinbunds

1814
Napoleon wird zur Abdankung gezwungen (6. April) und auf die Insel Elba verbannt

1815
Rückkehr Napoleons von Elba nach Frankreich. Herrschaft der Hundert Tage, die mit der vernichtenden Niederlage Napoleons bei Waterloo endet. Verbannung nach St. Helena

1821
Napoleon stirbt am 5. Mai in Longwood auf St. Helena

1840
Überführung von Napoleons Leichnam von St. Helena nach Frankreich. Beisetzung im Invalidendom

Danksagung
Die Autoren und der Verlag danken allen
Personen und Institutionen, die durch ihre freundliche Hilfe
zur Entstehung dieses Buches beigetragen haben.

Schreibweise und Zeichensetzung
der Quellen wurden unverändert beibehalten.

Umschlagvorderseite:
Napoleon. Gemalt von Jacques-Louis David (1808).

Umschlagrückseite:
Arbeitszimmer und Bibliothek Napoleons
in Schloß Malmaison bei Paris

Vor- und Nachsatz:
Europa und das Kaiserreich Frankreich
im Jahre 1807.
Kolorierte Karte aus dem 19. Jahrhundert

Umschlagentwurf:
Friedrich Förder, Bergisch Gladbach,
unter Verwendung zweier Fotos
von Karl-Heinz Jürgens, Köln
Layout:
Friedrich Förder, Bergisch Gladbach
Reproduktion der Farbtafeln:
Repro Rózsa, Köln-Porz
Reproduktion der Schwarzweiß-Abbildungen:
RCL Reproservice, Düsseldorf
Satz: Fotosatz Böhm GmbH, Köln
Druck und Einband: Appl, Wemding

Printed in West Germany
ISBN 3-7857-0518-2

CARTE
POLITIQUE ET ITINÉRAIRE
DE L'EUROPE
ET DE
L'EMPIRE FRANÇAIS
EN 1807
OCEAN
ATLANTIQUE
MER
AFRI
FRANCE
ANGLETERRE
ALLEMAGNE
ESPAGNE
HELVETIE
AUTRICHE
ROYAUME D'ITALIE
BOHEME
LA MANCHE
CANAL S.T GEORGE
G. de Gascogne
Paris
Londres
Madrid
Rome
Dublin
Bruxelles
Amsterdam
Gibraltar
Alger
Tunis
Contantine
Palerme
Sicile
Naples
Majorque
Mahon
Cap de Creus
Cap Finisterre
Cap S.t Vincent
Détroit
Lieues Communes de France de 25 au Dég.
25 50 75 100 125